अनजान वो फ़क़ीर

The Unknowing Sage

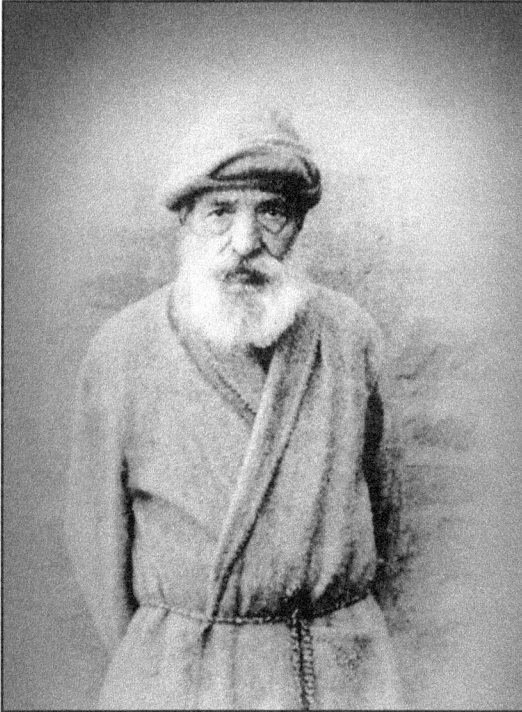

बाबा फ़क़ीर चंद का जीवन और कार्य

ईमानदारी

First Edition: 2021

ISBN: 978-1-56543-637-4

Publication History: This book was first published in the United States in 1981. A series of subsequent editions followed over the next three decades. Faqir Chand personally dictated his autobiography in Urdu at the express request of David Christopher Lane and it was then translated into English by Professor Bhagat Ram Kamal, who is now the spiritual head of Manavta Mandir. Bharat Bhushan has kindly translated the entire text into Hindi

अनजान वो फ़कीर

The Unknowing Sage

बाबा फ़कीर चंद का जीवन और कार्य

ईमानदारी

माउंट सैन एंटोनियो कालेज

वॉल्नट, कैलिफोर्निया

हिंदी अनुवादः भारत भूषण

समर्पण

प्रो. भगत राम कमल को समर्पित

यह पुस्तक मैं प्रोफेसर भगत राम कमल जी को समर्पित करता हूं। मैं उन्हें सन 1978 की गर्मियों से जानता हूं जब मुझे प्रोफ़ेसर भगत राम कमल जी को जानने का सौभाग्य प्राप्त हुआ था। हम पहली बार मानवता मंदिर में मिले थे जहां प्रोफ़ेसर कमल ने मेरे और बाबा फ़कीर चंद जी के बीच संपर्क का कार्य व्यक्तिगत रूप से किया था। 1978 में मैंने (प्रोफ़ेसर जुर्गेंसमेयेर Professor Juergensmeyer के साथ) जो फ़कीर का पहला इंटरव्यू लिया था उसमें उन्होंने हमारी मदद की थी। इसका शीर्षक था "द मास्टर स्पीक्स टू द फॉरेनर्स (The Master Speaks to the Foreigners)"। इस समय किसी भी अन्य जीवित व्यक्ति के मुकाबले प्रोफ़ेसर कमल, बाबा फ़कीर चंद जी की शिक्षाओं को बेहतर समझते हैं और फ़कीर के मौलिक और अटल दर्शन के प्रति उनकी अंतर्दृष्टि अनूठी है। इनकी कुशाग्र प्रज्ञा और मार्गदर्शन के बिना यह कार्य संभव नहीं हो पाता।

धन्यवाद।

फ़कीर चंद पुस्तकालय श्रृंखला

फ़कीर चंद जी (जीवन काल 1886 से 1981 तक) एक विलक्षण भारतीय फ़कीर थे जिन्होंने 75 साल से भी अधिक समय तक आंतरिक साधना की एक पुरानी तकनीक का अभ्यास किया जो 'सुरत-शब्द-योग' के नाम से प्रसिद्ध है जिससे होश में रहते हुए 'मृत्यु के करीब के अनुभव' (Near Death Experience - NDE) प्राप्त करने का एक नियंत्रित प्रयास किया जाता है। इस परंपरा के सिद्धों के अनुसार इस साधना पर अधिकार प्राप्त कर लेने से व्यक्ति प्रकाश और शब्द की अवस्था से परे सामान्य जागृत अवस्था का अनुभव कर लेता है जिससे उसे चेतन तत्त्व की उच्चतर अवस्था की झलक मिल जाती है। दूसरे विश्वयुद्ध के अंत में फ़कीरचंद जी को एक ऊंचे दर्जे के जानकार के तौर पर उनके गुरु शिवब्रत लाल और अन्य से मान्यता मिल चुकी थी। जैसा कि फ़कीर ने ख़ुद कहा है वह लगभग हर रोज़ अपने शरीर को अपनी इच्छा से छोड़ जाते थे और चैतन्य अवस्था के ऊंचे दर्जों का अनुभव करते थे। फिर भी फ़कीर चंद जी को इन उपलब्धियों से कोई संतोष नहीं मिला और वे इससे आगे कुछ और जानने के इच्छुक थे और अंतिम परिणाम स्वरूप फ़कीर ने अनुभव किया कि ध्यान के अनुभव की कितनी भी सूक्ष्म और आनंदमय अवस्थाओं का अनुभव चाहे हो गया हो फिर भी यह आध्यात्मिक अनुभव में अंतिम अवस्था नहीं है। बल्कि अंतिम सच्चाई यह है कि कोई भी अनुभव जीव के ज्ञानातीत (transcendental) रहस्य को नहीं जान सकता है, न उसे रोक सकता है। तरक्की की उच्चतम अवस्थाओं में व्यक्ति में सर्वज्ञता की भावना नहीं आती अलबत्ता एक मौलिक और अटल समझ आती है कि वह नाजानकार (अनजान) है। कुल मिला कर व्यक्ति को समझ आ जाती है कि वह और कुछ नहीं बल्कि अस्तित्व के सागर में एक बुलबुला मात्र है जो हर दिशा में अनंत है। इस प्रकार वह बुलबुला अपने सारे अस्तित्व को उस सत्ता के हवाले कर देता है जो इसे वास्तव में जी रही है।

इस प्रकार फ़कीर ऐसे गुरुओं, स्वामियों, सिद्धों और रहस्यवादियों के बारे में बहुत मुखर हो गए थे जिन्होंने लाखों अनुयायियों को यह कह कर धोखा दिया और यह विश्वास दिलाया कि उनमें सर्वव्यापकता और सर्व-शक्ति है जबकि उनमें दोनों नहीं थे। विवेकी फ़कीरों के पास क्या है, या कह लें कि चैतन्य अवस्था की उच्चतर तरक्की में उनकी अनुभवीय पहुँच कहाँ तक है जो पूर्ण या अंतिम सत्य नहीं बताती बल्कि उस बढ़ती हुई चैतन्यता का पता देती है - कि दरअसल जीवन कितना रहस्यमय है। जैसा कि राधास्वामी मत के संस्थापक शिव दयाल सिंह जी ने काव्य रूप में कहा है: "हैरत हैरत हैरत होई, हैरत रूप धरा एक सोई"। फ़कीर की उस निहित अनजानपने की अनुभूति के साथ फ़कीर ने भी पहली बार संत परंपरा में बताया कि मान्य धार्मिक पुरुषों के दृष्य कैसे व्यक्ति की अपनी ही आंतरिक तरक्की का उत्पाद (नतीजा) हैं। उदाहरण के लिए, जब किसी को मृत्यु के करीब का अनुभव (near death experience) होता है और वह जीसस, नानक या देवदूत को किसी लंबी अंधेरी गुफा के उस छोर पर प्रकाश के बीच देखता है तो इसमें वो सम्मानित पुरुष ख़ुद इस दृष्य-दर्शन का कर्ता नहीं होता, बल्कि वह ख़ुद नया साधक ही होता है जो अपने जैविक और सांस्कृतिक इतिहास से उस पावन विभूति को प्रकाश में डाल रहा होता है। यह प्रकाश वास्तव में परासांस्कृतिक घटना (transcultural phenomenon), चैतन्यता की उच्चतर अवस्था का अहम हिस्सा, या, मात्र स्नायविक घटना हो सकती है, लेकिन इस बात की व्याख्या कि उस प्रकाश में कौन रहता है (क्या वो जीसस है? नानक है? मेरा मामू रमेश है?) यह नितांत निजी मामला है, जो धरती कहे जाने वाले इस ग्रह पर दसियों साल से व्यक्ति में डेरा डाले बैठी बारीक छायाओं (संस्कारों) से अंकित है।

फ़कीर को शायद सबसे अधिक इस बात के लिए जाना जाता है कि ज़रूरत के समय उनके अनुयायियों में चमत्कारी तरीके से फ़कीर के प्रकट होने पर उन्होंने साफ़ तौर पर माना कि वे इससे अनभिज्ञ (अनजान) थे। उन्होंने इकतरफ़ा तौर पर स्वीकार किया कि उनका जो रूप अनुयायियों में प्रकट हुआ उन्हें उसका कुछ पता नहीं था। न ही फ़कीर चंद जी ने यह

दावा किया कि उन्होंने असली सच्चाई का भेद समझ लिया है। उन्होंने लाओ त्सू, सुकरात और क्यूज़ा ऑफ निकोलस जैसे महान लोगों के शब्दों में कई बार कहा भी है, "आख़िरी सच्चाई जान लेने का दावा मैं कैसे कर सकता हूँ। सच्चाई यह है कि मैं कुछ नहीं जानता"। इस प्रकार, यह तर्क देते हुए कि विवेकी और दयावान मनुष्य बनना अपने आप में एक बड़ी बात है, फ़कीर ने "मनुष्य बनो" की आवाज़ उठाई। फ़कीर ज़ोर दे कर कहा करते थे कि आध्यात्मिक होने के लिए ज़रूरी है कि पहले पुरुष (या स्त्री) सच्चा इंसान बने। दर्शन या धर्म में किसी की हिमायत न करते हुए 'द माउंट सैन एंटोनियो फिलासफी ग्रुप (The Mt. San Antonio Philosophy Group)' ने विचार, "स्पष्ट विचार" के सम्मान में फ़कीर चंद लाइब्रेरी सिरीज़ की स्थापना की। जैसा कि फ़कीर चंद के एक समकालीन दिवंगत सरदार बहादुर जगत सिंह ने एक बार कहा था, " 90 प्रतिशत आध्यात्मिकता स्पष्ट विचार होती है"। इस सिरीज़ के अगले संस्करणों/ग्रंथों में विज्ञान और धर्म दोनों से संबंधित कृतियाँ शामिल होंगी जो ईमानदार और खुली आलोचना के साथ फ़कीर चंद जी की भावना (Chandian spirit) को बढ़ावा देती हों। यह पुस्तक, The Unknowing Sage, बाबा फ़कीर चंद के जीवन और कार्य का विस्तृत अध्ययन मूलतः अंग्रेजी में प्रस्तुत करती है।

पाठकों के लिए एक नोट

सुरत-शब्द योग के प्रख्यात अनुभवी बाबा फ़कीर चंद का देहांत 11 सितंबर, 1981 को हुआ। उनकी आयु 95 वर्ष थी। यद्यपि अधिकतर लोग इस घटना से अनभिज्ञ रहे लेकिन भारत, यूरोप और उत्तरी अमेरिका में कुछ साधु-संतों, योगियों और रहस्यवादियों ने समझ लिया था कि मानवता ने इस शताब्दी में हुए महान फ़कीरों में से एक को खो दिया है। क्योंकि मैं बाबा फ़कीर चंद जी को व्यक्तिगत रूप से जानता था और उनकी गिरती सेहत के बारे में मुझे पता था, मैंने 1980 की गर्मियों में (हिमालय की तलहटी के पास) उनके होशियारपुर स्थित आश्रम के पते पर पत्र लिखा कि क्या वे शरीर

छोड़ने से पहले अपनी जीवनी लिखेंगे। मैं ख़ुद और अन्य रुचि रखने वाले अध्येता बहुत खुश थे कि कृपा करके फ़कीर ने इस आशीर्वाद के साथ अनुरोध स्वीकार कर लिया: “आप यह कार्य कर सकते हैं। मैं अपने जीवन के अनुभवों से आपकी मदद करूँगा। आपको मेरा आदर और प्यार”।

इसके बाद बाबा फ़कीर चंद ने अपनी जीवनी उर्दू में बोल कर लिखवाई और उसका अंग्रेज़ी में अनुवाद कराया। अपनी जीवनी और अपने अनेकों आध्यात्मिक आलेखों, दोनों में, फ़कीर ने जो कुछ प्रस्तुत किया है वह संतमत परंपरा में बेमिसाल है। फ़कीर ने उसमें न केवल अपनी आध्यात्मिक खोज के बारे में शांत कर देने वाली साफ़गोई से व्याख्या की है बल्कि सीधे शब्दों (वास्तविकताओं) के साथ धार्मिक दृष्यों और चमत्कारों की भ्रमात्मक प्रकृति को भी उजागर कर दिया है। बिलकुल साफ़ तौर पर कहें तो, निर्गुण भक्ति के रहस्यवाद के इतिहास में उनके कार्य का सानी नहीं है।

अधिकतर अनुवाद कार्य हमीरपुर, हिमाचल प्रदेश के गवर्नमेंट कालेज के प्रोफेसर भगत राम कमल ने किया है। जो प्रति मैंने संपादित की थी उसकी प्रूफ़रीडिंग और अनुमोदन (1980 में उस समय) फ़कीर चैरीटेबल लाइब्रेरी ट्रस्ट, होशियारपुर, पंजाब, भारत के प्रशासक रहे डॉ. के.एल. जौड़ा ने किया था। मैंने अपने संपादन को कम-से-कम रखा ताकि फ़कीर के शब्दों की सरल मोहकता ज्यों की त्यों बनी रहे। कभी-कभी असामान्य नए शब्द (जैसे फ़कीर द्वारा प्रयुक्त शब्द ‘गुरुडम gurudom’) अंग्रेज़ी वाक्य को अजीब बना सकते हैं। फ़कीर की वाकपटुता को बहुत अधिक संवारने की बजाय मैंने निर्णय लिया कि मैं स्थानीय भाषा के आकर्षण को बरकरार रखने के लिए ‘सही अंग्रेज़ी’ को दरकिनार कर दूँगा। मैं महसूस करता हूँ कि फ़कीर के कई दावे (जैसे कि ‘मनुष्य साधारणतः स्पर्म का रूपांतरण है’—ऐसा कहते हुए वे महिला के अंडे के महत्व को छोड़ देते हैं) यह वैज्ञानिक तौर पर सही नहीं हैं. लेकिन हमें यह बात दिमाग़ में रखनी होगी कि फ़कीर बहुत पढ़े-लिखे नहीं थे--कम से कम औपचारिक रूप से तो नहीं--और कि उनके विचारों में गहनतर संदेश है चाहे उसकी तथ्यात्मक सामग्री कुछ भी हो। मैं ऐसा इसलिए

कह रहा हूँ क्योंकि फ़कीर पहले व्यक्ति होते जो वैज्ञानिक खोजों के आलोक में अपने विचारों को बदल देते।

मेरा विचार है कि कुल मिला कर फ़कीर जो कहना चाहते हैं उसे बुद्धिमान पाठक समझ सकते हैं और वे उनकी उपमाओं और रूपकों की सीमाओं तक नहीं रुकेंगे। इसके अलावा हमें हमेशा याद रखना होगा कि फ़कीर अपनी ही अज्ञानता पर ज़ोर दे रहे हैं और यही वो अज्ञानता है जो फ़कीर की शिक्षा का सार है। भारतीय शब्दावली की वर्तनी (spelling), विशेषकर राधास्वामी परंपरा में प्रयुक्त शब्दावली के संबंध में मैंने एक अव्यवस्थित पद्धति का ही प्रयोग किया है। उदाहरण के लिए फ़कीर राधास्वामी शब्द में 'o' (Radhasoami) का प्रयोग न करके 'w' ("Radhaswami") का प्रयोग करते हैं, "Huzur" का प्रयोग न करके "Hazur" लिखते हैं और "Soamiji" को "Swamiji" लिखते हैं। चूँकि अंग्रेज़ी में राधास्वामी शब्द की अँग्रेज़ी वर्तनी (Radhaswami और Radhasoami) को लेकर ज़बरदस्त विवाद रहा है (ख़ासकर स्वामी बाग़ में), वे शब्द जहाँ आए हैं मैंने दोनों को वैसा ही रहने दिया है। शुरू में यह पाठक को उलझन में डाल सकता है लेकिन मेरा विचार है कि कुछ ज़रूरी ऐतिहासिक कारण हैं कि फ़कीर द्वारा प्रयुक्त वर्तनी को बदलने की आवश्यकता नहीं है। यही बात God, Guru, Shabd आदि के कैपिटल वर्णों के बारे में भी सही है जो हमेशा एक समान नहीं रहते। क्योंकि उर्दू में लिखवाई अपनी आत्मकथा के अंग्रेज़ी अनुवाद का अनुमोदन फ़कीर ने ख़ुद किया है, मैंने महसूस किया कि वर्णों के कैपिटलाइज़ेशन की उनकी पद्धति को ही बनाए रखा जाए, हालाँकि ऐसी मामूली विसंगतियाँ हमेशा मन में नहीं रखी जातीं, मैं ऐसा नहीं सोचता कि रुचि रखने वाले पाठक को इसकी वजह से फ़कीर के संदेश का सार समझने में कोई बड़ी परेशानी होगी।

हमें फ़कीर के कद का कोई गुरु विरला ही मिलता है जिसने शायद कभी अपनी आध्यात्मिक समझ के विकास को इतना खुल कर स्वीकार किया हो, ख़ासकर जब उसकी वो समझ पूर्ण ज्ञान के दावे के साथ नहीं

बल्कि बिना शर्त अनजानपने (unknowingness) के साथ समाप्त होती हो। जैसा कि फ़कीर चंद जी ने अपनी मृत्यु से कई साल पहले कहा था,

"क्या पता कि मृत्यु के समय मेरे साथ क्या हो? मैं बेहोशी की हालत में जा सकता हूं, स्वप्न की हालत में जा सकता हूं और रेलगाड़ियाँ देख सकता हूं।...मैं कैसे दावा कर सकता हूँ कि मैंने आखिरी सच को जान लिया है? सच्चाई यह है कि मैं कुछ नहीं जानता।"

इस तरह के गहन खुले दृष्टिकोण के साथ, कोई सिर्फ़ विस्मय ही कर सकता है वो अनजान फ़कीर क्या भागती रेलगाड़ियों के स्वप्न-लोक में चला गया या शून्य प्रकाश में समा गया!

डॉक्टर के.एल. जौड़ा का प्राक्कथन

आपके सामने जो आत्मकथा है वह बाबा फ़कीर चंद के जीवन का एक स्पष्ट विवरण है। सामान्य तौर पर, आत्मकथाएं जीवन के गहरे पहलुओं की अनदेखी करते हुए, तस्वीर के केवल उज्ज्वल पक्ष को चित्रित करती हैं। लेकिन फ़कीर के ये दोनों पक्ष उनके अपने आध्यात्मिक संघर्षों का पूरा दृश्य प्रस्तुत करते हैं। यह उनके जीवनवृत्त का अद्वितीय गुण है जो इसे अपने प्रकार के अन्य लोगों से अलग करता है। दरअसल, फ़कीर ने केवल वही लिखा है जिसको उन्होंने ख़ुद जिया है। उनकी आत्मकथा में लगभग हर घटना के बाद उस घटना के उनके जीवन पर पड़ने वाले प्रभाव, उससे मिले सबक और उसके बाद वे सबक उनकी शिक्षाओं का हिस्सा कैसे बने, उसके बारे में बताया गया है। इसने पुस्तक को एक वांछित वैचारिक-गांभीर्य दिया है।

फ़कीर लाइब्रेरी चैरिटेबल ट्रस्ट की ओर से मैं यहाँ उनके दिव्य मार्गदर्शन में मानवता-मंदिर में शुरू की गई और चल रही गतिविधियाँ के अलावा फ़कीर की रिसर्च और आध्यात्मिक क्षेत्र में उनकी शिक्षाओं को संक्षेप में जोड़ देना आवश्यक समझता हूँ। जहाँ एक ओर ज्ञानोदय की तलाश में फ़कीर अपने जीवन भर के शोध के आधार पर, आत्म-बोध के विषय पर और अंतिम लक्ष्य 'मुक्ति' पर एक नई रोशनी डालते हैं वहीं दूसरी ओर उन्होंने मानवता के लिए सामान्यतः प्रचलित सिद्धांतों और शिक्षाओं में क्रांतिकारी परिवर्तन किया। आम आदमी को वे जो शिक्षा देते हैं वह वर्तमान समय की आवश्यकता और भावना से ली गई है।

प्रत्येक संत असाधारण रूप से दयालु और संवेदनशील दिल के साथ इस दुनिया में आता है। बाबा फ़कीर चंद उस "शैतानी नृत्य" (यानी 1947 में भारत के विभाजन के दौरान हुए नरसंहार) से कैसे अप्रभावित रहते? बहुत व्याकुल होकर उन्होंने दो दिन तक उपवास किया और ख़ुद को गहन ध्यान में लगा दिया। इसके बाद वे मानवता के लिए "मनुष्य बनो" के एक

महत्वपूर्ण संदेश के साथ सामने आए और अपने उच्च अनुभव से दुनिया को लाभान्वित करने के लिए फ़कीर ने 1962 में होशियारपुर में 'मानवता मंदिर' (साहित्यिक अर्थ, "इंसानियत का मंदिर") स्थापित किया। भारत में इस प्रकार के नाम का यह पहला केंद्र था।

फ़कीर के अनुसार, सच्चा इंसान बनने के लिए इंसान के पास विवेक का श्रेष्ठ हीरा होना चाहिए या वो हीरा उसे अर्जित करना चाहिए। उसमें सत्य से असत्य को, तत्त्व से छाया को, स्थायी से क्षणभंगुरता को और मूल कारण से उसकी परछाई को अलग करने की बुद्धि होनी चाहिए। इस संबंध में साधकों की मदद करने के लिए मानवता मंदिर में दिए उनके दैनिक सत्संगों ने एक लंबा रास्ता तय किया है। वास्तव में, फ़कीर के विश्लेषण की गुणवत्ता ऐसी है कि एक औसत पाठक भी मानव अस्तित्व की प्रत्यक्ष जटिलताओं को देखने और समझने में सक्षम हो जाता है।

इतिहास के निर्णायक समय में मानवता की पुकार सुन कर प्रबुद्ध आत्माएं इस दुनिया में जन्म लेती हैं। ये दिव्य चिकित्सक आते हैं, स्थिति का निरीक्षण करते हैं, और फिर उन तरीकों का निदान करते हैं जिससे बीमार जनसाधारण पारस्परिक प्रेम, खुशी और शांति के खोए हुए स्वर्ग को फिर से प्राप्त कर सकें। ऐसे लोग बाँटने के लिए नहीं बल्कि एकता लाने के लिए आते हैं। वे सार्वभौमिक भाईचारे की साधना, प्रचार और स्थापना करते हैं। उनका कार्य भौगोलिक, राजनीतिक, या जाति, मज़हब, या रंग की किसी सीमा में नहीं बँधा होता। लेकिन जब वे मर कर अपने अमर देसवा में जाते हैं, तो उनके सबसे करीबी शिष्य अपने दिवंगत गुरुओं के भौतिक रूप के प्रति अपनी कृतज्ञता और लगाव की तीव्र भावनाओं के तहत, नए संप्रदायों, धर्मों और पंथों की नींव रख देते हैं। मुख्य रूप से ऐसा वे अपने आध्यात्मिक मार्गदर्शकों के नाम और प्रसिद्धि की यादगार बनाने के लिए करते हैं। समय गुज़रने के साथ ये धर्म और संप्रदाय सांसारिक मनुष्यों के हाथों में पड़ जाता है, जो अज्ञानी होने के कारण मानने लगते हैं कि गुरु और संप्रदाय पैतृक संपत्ति हैं। परिणामस्वरूप, मानवता के लिए प्रबुद्ध और निस्वार्थ सेवा का स्थान, धर्म के नाम पर भोले-भाले लोगों का होने वाला शोषण ले लेता है।

मनुष्य मनुष्य से लड़ता है। धरती माँ अलग-अलग देशों और प्रदेशों में बँट जाती है।

तनिक विचार करें कि ईश्वर के पूर्ण रूप से अनुभवी उन दूतों के साथ और अधिक अन्याय क्या हो सकता है कि उनकी शिक्षाओं को संप्रदायों, पंथों (cults), और धर्मों में सीमित कर दिया जाए और मानव जाति के बीच घृणा, पूर्वाग्रह और पक्षपात की आग को हवा दी जाए। समस्त मानवता के आदर्श कल्याण की अनदेखी की जाती है जबकि भगवान के नाम पर शैतान विजय-नृत्य करता है।

सत्गुरुओं की सच्ची परंपरा के अनुरूप बाबा फ़कीर चंद इस निष्कर्ष पर पहुँचे हैं कि धार्मिक लोगों की आपसी सारी लड़ाई और सारे दुखों का कारण 'गुरु' के अर्थ की जानकारी का न होना है और इसी अज्ञानता की वजह से गुरु/शिष्य संबंध को ग़लत तरीके से समझा गया है। फ़कीर के अनुसार, वास्तविक गुरु 'ज्ञान' है, विवेक की भावना है और एक अनुभवी व्यक्ति द्वारा साधक को दी गई समझ है न कि वह व्यक्ति गुरु है जो यह सच्चाई बयान करता है। बाहरी गुरु का शरीर नश्वर है, जबकि असली गुरु (ज्ञान) कभी नहीं मरता। फ़कीर ने दुनिया भर के धार्मिक आगुओं को (अपनी कई प्रकाशित वार्ताओं और सम्मेलनों में) बार-बार अपील की है कि गुरु-शिष्य के रिश्ते ने जो ग़लत मोड़ ले लिया है वे उसे समझें। गुरु को मनुष्य मानने की ग़लती करने से, वास्तविक गुरु -- (यानी) जो ज्ञान दिया गया है -- वह खो जाता है।

स्मृतियां

Baba Faqir Chand being interviewed by David Lane,
Summer 1978, Manavta Mandir, Punjab, India

बाबा फ़कीर चंद जी के साथ लेखक।
(तब फ़कीर 92 वर्ष और लेखक 22 वर्ष के थे)

स्मृतियां

एक व्यक्तिगत अनुस्मरण

बाबा फ़कीर चंद जी के बारे में मुझे पहली बार 1977 के आख़िर में पता चला था जब मैं राधास्वामी परंपरा की वंशावली पर कार्य करते हुए यू.सी.एल.ए. (University of California, Los Angeles) के अनुसंधान पुस्तकालय में कार्ड कैटलॉग को देख रहा था। मुझे सेठ अचल सिंह की एक अज्ञात-सी पुस्तक मिली, जिसका शीर्षक था विश्व धर्म सम्मेलन, दिल्ली/1957, जो अवर्गीकृत खंड के तहत सूचीबद्ध थी। पुस्तक को ट्रेस करने के बाद, मैंने देखा कि इसमें दो अनोखी तस्वीरें थीं: पहली नामधारी सिखों के सत्गुरु प्रताप सिंह जी की थी जो नामधारी सिखों के तत्कालीन सत्गुरु थे; और दूसरी फ़कीर चंद जी की थी। मैंने तुरत अनुमान लगाया कि यह फ़कीर वही होना चाहिए जिसका उल्लेख अगम प्रसाद माथुर की पुस्तक 'राधास्वामी फ़ेथ: ए हिस्टोरिकल स्टडी' में उल्लिखित है जो मैंने पहले पढ़ी थी। [1]

उसके बाद मैंने फ़कीर को यह सोच कर पत्र लिखा कि शायद वे अभी जीवित हों। मेरे पास एकमात्र पता था - "मानवता मंदिर, होशियारपुर, उत्तर भारत।" मेरे लिए वो एक सुखद आश्चर्य था जब चार सप्ताह से भी कम समय में मुझे फ़कीर चंद जी का पत्र मिला जिसके साथ तीन पुस्तकें थीं जिनमें एक उनके गुरु शिवब्रत लाल वर्म्मन की लिखी पुस्तक 'लाइट ऑन द आनंद योग' भी थी। [2] उसके बाद सात महीने तक लगातार पत्राचार हुआ। आख़िरकार मैंने फ़कीर से पूछा कि क्या मैं 1978 की गर्मियों में आपके यहाँ आ सकता हूँ जब मैं प्रो. मार्क जुर्गेंसमेयेर (Mark Juergensmeyer) (कैलिफोर्निया विश्वविद्यालय, बर्कले) के साथ रिसर्च असिस्टेंट के रूप में भारत आऊँगा जिन्हें राधास्वामी परंपरा का अध्ययन करने के लिए अनुदान मिला था। मेरे कार्य में विभिन्न संगतों में विभिन्न गद्दी नशीनों (आध्यात्मिक प्रमुखों) के यहाँ जाना शामिल था। फ़कीर ने मेरा अनुरोध मान लिया और

मुझे टेलिग्राम भेजा कि मैं भारत आने पर दिल्ली से सीधे उनके पास पास आ जाऊँ। [3]

होशियारपुर की अपनी पहली यात्रा की यादें मुझे आज भी ताज़ा हैं। भीड़-भाड़ वाले दिल्ली रेलवे स्टेशन पर मैं अभी यह पता लगाने की कोशिश कर ही रहा था कि ट्रेन में चढ़ने का रास्ता कैसे मिलेगा कि तभी मेरे पीछे से एक भारतीय सज्जन ने पूछा कि 'आपको कहाँ जाना है'। मैं यह सोचकर हिचकिचाया कि वह व्यक्ति फ़कीर या "मानवता मंदिर" के बारे में नहीं जानता होगा। मैं ग़लत था। जब मैंने संत और अपनी मंजिल का उल्लेख किया, तो उसका चेहरा खिल उठा। उसने उत्साहपूर्वक कहा, "मेरी दादी फ़कीर की बहुत बड़ी भक्त है; वास्तव में, गुरु जी कुछ ही दिनों में मेरी बहन की शादी में शामिल होंगे। मैं ट्रेन की अपनी पहले वाली टिकट कैंसल करके आपके साथ चलता हूँ और आपको रास्ता बता दूँगा।" [4]

हालाँकि मैं फिर कभी उस रहस्यमय सज्जन से नहीं मिला, उसने मार्ग की व्यवस्थाएं करने में मेरी मदद की और मुझे कुछ रोचक बातें होशियापुर शहर के बारे में बताईं जो हिमालय की तलहटी के पास है।

रात के आठ घंटे की होशियारपुर तक की रेलयात्रा के बाद मैंने रेलवे स्टेशन से मानवता मंदिर के लिए एक साइकिल रिक्शा लिया। प्रातः की हवा की गंध और बादलों से आती सुस्ताती सुबह की रोशनी का मुझ पर अनजाना-सा असर हुआ। मुझे लगा जैसे मैं अपनी ही भूली हुई माँ-भूमि पर आ गया हूं। ऐसे लगा जैसे वो जगह मैंने पहले भी देखी थी। मैंने प्रवेश द्वार के भीतर फ़कीर चंद जी की एक तस्वीर देखी जो तुरत मेरी नज़र में आ गई थी। "वे मुझे इतना परिचित क्यों दिखते हैं?" मैं अपने आप में सोच रहा था। मेरे वहाँ पहुँचते ही फ़कीर के एक पुराने भक्त ने बड़े उत्साह से मुझे अभिवादन करते हुए कहा, "हम आपका इंतज़ार कर रहे हैं। आप बहुत ही शुभ अवसर पर आए हैं - गुरु पूर्णिमा दिवस।" मैं उसी वक्त कई भारतीयों से घिर गया, जो बहुत उत्सुक थे कि मैं फ़कीर के दर्शन करूँ जो उस समय गहरी समाधि में थे। [5]

पहली नज़र में फ़कीर चंद जी वास्तव में इस दुनिया से पूरी तरह अचेतन लग रहे थे। लेकिन जब मैं उनके सामने झुका, तो वे पूरी तरह से जागृत उठे और मेरी पीठ पर अपने हाथ से ज़ोरदार थप्पा दे कर मेरा प्यार भरा स्वागत किया।

फ़कीर का 'मानवता मंदिर' अनोखा था। वहाँ सिर्फ़ फ़कीर की ज़ाहिर (direct) गुरु वंशावली के गुरुओं के ही फोटो नहीं थे बल्कि राधास्वामी गुरु वंशावली के लगभग सभी गुरुओं के फोटो थे जिनमें ब्यास के पूर्व गद्दी नशीन बाबा सावन सिंह जी का बड़ा चित्र भी था। वंशावली से सुशोभित हॉल के अंत में फ़कीर चंद जी के गुरु महर्षि शिवब्रत लाल जी की आदमकद मूर्ति थी।

थोड़ा आराम करने के बाद मुझे फ़कीर के सुबह के सत्संग में शामिल होने के लिए आमंत्रित किया गया जो बड़े जनसमूह के चलते हाल से बाहर खुले में आयोजित किया गया था। सेवादारों ने मुझे बैठने के लिए कृपा पूर्वक एक कुर्सी दी, क्योंकि मुझे पालथी लगा कर बैठने की आदत नहीं थी। सत्संग के दौरान देखे फ़कीर के ओजस्वी भावों को मैं कभी नहीं भूल सकता। जब संगत शबद (वाणी) गा रही थी, तब फ़कीर अपनी आँखें मूँदे अपने हाथ झुला रहे थे मानो कोई कंसर्ट चला रहे हों। फिर शबद के पूरा होने के बाद फ़कीर ने संतमत के विभिन्न पहलुओं के बारे में हिंदी में बात की। हैरानी की बात है कि, भाषा के मेरे सीमित ज्ञान को देखते हुए, मैंने फ़कीर चंद जी के प्रवचन के सार को समझा - वही जो उनके लेखन में प्रतिध्वनित होता है: "एक गुरु के रूप में जब मैं इस लाइन में आया तो मेरी आँखें खुल गईं। क्यों? क्योंकि जो लोग मुझे अपना गुरु मानते हैं, उनमें अभ्यास के दौरान, स्वप्न में यहाँ तक कि जागृत में मेरा रूप प्रकट हो जाता है और उनके काम कर जाता है जबकि मुझे पता तक नहीं होता। एक औरत ने मुझे एक ख़त भेजा, जिसमें कहा गया था कि वो कश्मीर में एक दरिया में नहा रही थी। उसने लिखा है कि अचानक पानी की एक लहर आई और उसे दस या पंद्रह गज़ दूर ले गई। वो लिखती है कि जब वो डूब रही थी तो मेरा रूप वहाँ प्रकट हो गया, उसका हाथ पकड़ कर उसे नदी से बाहर निकाला

और कहा, 'तुम्हें अभी बहुत काम करना है।' उसने मुझे यह जानने के लिए ख़त लिखा है कि उसने क्या काम करना है। अब न तो मैं उसे बचाने के लिए वहां गया और न ही मैंने उसे कहा कि उसने अभी बहुत काम करना है। ये है राज़।"

बाद में उसी दिन दोपहर को मैंने फ़कीर चंद जी के साथ एक व्यक्तिगत साक्षात्कार किया जो कई घंटों तक चला। हालाँकि फ़कीर की मूल भाषा हिंदी/उर्दू थी, वे धाराप्रवाह अंग्रेज़ी में बोले, इसलिए अनुवादक की कोई ज़रूरत नहीं थी। मैंने फ़कीर से कई सवाल पूछे, जो गुरुवाई के उत्तराधिकार से संबंधित थे (अर्थात, शिवब्रत लाल जी के देहांत के बाद स्वयं फ़कीर के अलावा कितने अन्य शिष्यों ने गुरु के रूप में सेवा की?), लेकिन वे चर्चा को एक व्यक्तिगत पक्ष की ओर अधिक लाते रहे, मुझ से मेरे ध्यान-अभ्यास, नैतिक जीवन वगैरा के बारे में पूछते रहे। फ़कीर अपनी ख़ुद की खोज का सार साझा करने के लिए उत्सुक थे ताकि मेरी ख़ुद की आध्यात्मिक यात्रा आसान हो सके। हमारी बातचीत के दौरान मेरे मन में यह भावना रही कि मैं जो चाहे प्रश्न पूछ सकता था। फ़कीर चंद जी के बारे में मेरी एक धारणा हमेशा बनी रही, जो हमेशा मेरे साथ रही, वह थी उनकी उल्लेखनीय साफ़ बयानी। अपनी ब्राह्मण जाति के बावजूद फ़कीर प्रत्येक व्यक्ति के साथ अपने प्रिय पुत्र या बेटी जैसा व्यवहार कर रहे थे। मेरे मामले में, मेरी छोटी उम्र (उस समय बाईस वर्ष) के कारण, फ़कीर ने मुझे "बेटा, बल्कि पोता" कहा। उनकी स्पष्ट गर्मजोशी और स्नेह ने तुरंत उन्हें मेरे निकट ला दिया। उस पहली भेंट में किए कुछ प्रश्न और उनके उत्तर नीचे दिए गए हैं:

प्रश्न: आपने गुरु के रूप में काम करना कब शुरू किया? 1918 में, या आपके गुरुजी के देहांत के बाद?

उत्तर: नहीं, उनके जीवनकाल के दौरान नहीं और यह केवल उनकी इज़्ज़त के ख़्याल से किया। (हालांकि) उन्होंने मुझे सत्संग कराने और लोगों को नामदान देने का हुक्म दिया हुआ था। वे अपना ख़ुद का एक आश्रम चला रहे थे। मैं सिर्फ़ सच बयान करना चाहता था। हालाँकि हज़ूर दाता दयाल जी ने अपने लेखों में और ज़बानी तौर पर भी उसका इशारा किया था लेकिन उन्होंने

साफ़ तौर कभी नहीं कहा। चोला छोड़ने से पहले अपने आख़िरी सत्संग में उन्होंने साफ़ किया कि वे अपने शिष्यों द्वारा देखे गए दृश्यों में ख़ुद नहीं गए थे। यह भेद उन्होंने सिर्फ़ आख़िरी सत्संग में खोला क्योंकि अगर ऐसी बातें एकदम खुल कर बता दी जाएँ तो लोग नहीं आते।

प्रश्न: क्या सत्संग के इस कार्य को करने के लिए शिवब्रत लाल जी ने नंदू सिंह जी को नियुक्त किया गया था ?

उत्तर: हां, उन्हें भी हज़ूर दाता दयाल जी ने नियुक्त किया था जैसे मुझे। नंदू भाई जी मेरी तरह हज़ूर दाता दयाल जी के शिष्य थे। लेकिन मैं 1905 में शामिल हुआ था और वो 1919 में। भाई नंदू सिंह आंध्र प्रदेश में काम करते थे। एक बार मैं नंदू सिंह के घर गया। वो अपने घर में सत्संग करा रहे थे। मैंने उनसे कहा कि उनको अपने घर में सत्संग नहीं कराना चाहिए। जब उन्होंने वजह पूछी, तो मैंने उनसे कहा, "तुम्हारा रूप तुम्हारे चेलों में प्रकट होता है, क्या तुम्हें इसकी जानकारी होती है?" उन्होंने कहा- 'ना'। तब मैंने कहा कि वे सत्संगी सिर्फ़ इसलिए प्रसाद लाएंगे क्योंकि अभ्यास में उन्हें नंदू सिंह जी का रूप दिखाई दिया था। इसलिए जो प्रसाद नंदू सिंह को मिलता वो अपने बच्चों को देते। तब उनके बच्चों को परेशानी होती. उसके बाद से उन्होंने अपने घर पर सत्संग नहीं कराया।

प्रश्न: क्या इस काम को करने के लिए आपके सतगुरु ने किसी और को नियुक्त किया है ?

उत्तर: मुझे नहीं पता। अब तक मैं पहला हूँ बल्कि आगू (leading one) हूँ। और भी हैं। यहां तक कि मुझे मानने वाले भी देश में कई जगह यह काम कर रहे हैं। एक बात, मैं लोगों को नामदान नहीं देता। मैं सिर्फ़ सच बयान करता हूं। मेरी बातों पर यकीन करने वालों को फ़ायदा होता है। [6]

फ़कीर और मैं जल्द ही पक्के दोस्त बन गए। प्रत्येक दिन वे मेरे साथ दो या तीन घंटे अपनी आध्यात्मिक अनुभूतियों के बारे में बात करते थे। तथापि एक सुबह बहुत खास थी। वृद्ध फ़कीर समाधि में सीधे लेटे हुए थे। वे सफ़ेद चादर ओढ़े हुए थे। सभी व्यवहारिक प्रयोजनों के लिए, कम से कम

उन भक्तों के लिए जो उनके बगल में बैठे थे, फ़कीर चंद जी अपने शरीर से बाहर थे, उच्च आंतरिक अवस्थाओं का आनंद ले रहे थे।

मैं पश्चिमी शैली की एक कुर्सी पर बैठा चुपचाप देख रहा था, मैं अचंभित हुआ जब फ़कीर अपने चिंतन की स्थिति से नीचे उतरे और ओढ़ी हुई चादर हटाई और सीधे मेरी आँखों में देखा और कहा, "मैं तुमसे बात करना चाहता हूँ!" इसके बाद जो सत्संग सुना वह सबसे अधिक गूढ़ और ज्ञानवर्धक था क्योंकि भारत के अधिकतर गुरुओं के मुकाबले फ़कीर चंद जी ने कई आंतरिक दृष्यों और चमत्कारों के पीछे के रहस्य का विस्तार से वर्णन किया:

"अब, तुम देखो कि किसी के दृष्यों में कोई भी यीशु मसीह बाहर से नहीं आता। न राम, न कृष्ण, न बुद्ध और न बाबा फ़कीर किसी में बाहर से आता है। दृष्य केवल उन संस्कारों (impressions and suggestions) के कारण होते हैं जिन्हें एक शिष्य पहले ही अपने मन पर ले चुका होता है। ये संस्कार उसके सामने स्वप्न की तरह आते हैं। बाहर से कोई नहीं आता। यह है सच्ची बात। तुम देखो। एक औरत है। उसके एक बेटा है। वह बच्चा उस औरत को अपनी माँ की तरह प्यार करता है। बच्चे के मन में उस औरत के ख़िलाफ़ कुछ नहीं होगा। वह उससे बहुत प्रेम करेगा; वह उससे प्रेम करेगा और उसका सम्मान करेगा। उस औरत का भाई आता है; उसके मन में उसके लिए अलग विचार हैं। जब उसका पति उससे मिलता है, तो वो उसके बारे में अपने मन में अलग भावनाएँ रखता है, और जब उस औरत का कोई दोस्त मिलता है, तो उसके ख़्यालात अलग होते हैं। अलग-अलग व्यक्तियों को एक ही औरत से अलग-अलग तरह का प्रेम, स्नेह और प्यार मिलता है। इसलिए, आपको जो कुछ मिलना है, वो इस विश्वास और आस्था से मिलना है कि आपका इष्ट पूर्ण है। आप जो भी हासिल करते हैं, वो आपकी अपनी श्रद्धा और विश्वास के अनुसार हासिल करते हैं। जैसे बच्चे को उसकी माँ से माँ का प्यार मिलता है, उसी तरह पति को उसी औरत से पत्नी का प्यार मिलता है। आपको हमेशा यह विश्वास और पक्का यकीन रखना है कि

आपका गुरु आपके अंतर में है। उसे किसी इंसानी रूप में कभी भी अपने से दूर मत समझो। गुरु नाम है ज्ञान का, सच्ची समझ का।''

फ़कीर के साथ हुई मेरी बहुत-सी बातचीत के दौरान मैंने हमारे अस्तित्व की सच्चाई के बारे में उनकी मौलिक समझ को जाना। हालाँकि फ़कीर ने सुरत-शब्द योग की शिक्षा दी, लेकिन उन्होंने विवेक (ज्ञान योग) के महत्व पर भी ज़ोर दिया। अपने दिनांक 8 मार्च, 1978 के एक निजी पत्र में फ़कीर ने ज्ञानोदय (enlightenment) की प्रक्रिया का वर्णन किया:

''जो कुछ भी मैंने समझा है वो यह है कि व्यक्ति को अपने आप की खोज करनी चाहिए। जब तक यह न किया जाए किसी को शांति नहीं मिल सकती। कोई भी कुदरत का भेद जानने की हालत में नहीं है। मैं कोशिश करता हूँ कि एक इंसान ख़ुद को पहचान ले। 'अपने आप को आप पछानो'। ख़ुद को जानने के लिए इंसान को अपने शारीरिक, मानसिक और आध्यात्मिक अहसासात को छोड़ते हुए ख़ुद को भेदना पड़ता है। और जो बाकी रहेगा वो तुम्हारा अपना आपा है। और वो ख़ुद अनादि है। वो शरीर, मन और आत्मा में आता है, वो अपना आपा उस अनंत का एक हिस्सा है (जिसे) कोई नहीं जान सकता सिवाय (उसके) (जो) ख़ुद के अंश को उस सच्चाई (reality) में लय कर देता है जिसे विभिन्न संप्रदाय और धर्म अलग-अलग नाम देते हैं। कुछ उसे अल्लाह कहते हैं; कुछ उसे अनाम, निराकार, अकाल, अनामी, राम या राधास्वामी कहते हैं। अपने अंतर में जाने की कोशिश किया करो। अपने गुरु द्वारा दिए गए पवित्र नाम का सुमिरन अपनी जीभ हिलाए बग़ैर करते हुए शारीरिक अहसासात को छोड़ दो। अपने गुरु के रूप का ध्यान किया करो। मन को ठहराने के लिए किसी रूप पर ध्यान इकट्ठा करना ज़रूरी है। फिर आता है प्रकाश और शब्द। यह जानने की कोशिश करो कि वह कौन-सी चीज़ है जो अंतर में प्रकाश को देखती है या शब्द को सुनती है। ऐसा करके ही कोई जान सकता है कि वो कौन है। उसकी खोज ख़त्म हो जाती है और वो वही असलियत बन जाता है।''

मानवता मंदिर में रहने के दौरान, मुझे फ़कीर चंद जी और उनकी कुछ व्यक्तिगत आदतों को बारीकी से देखने का अवसर मिला। मैंने

निम्नलिखित बातें देखीं: 1) फ़कीर चंद जी मनावता मंदिर में नहीं रहते थे, बल्कि उन्होंने आश्रम से काफ़ी दूर एक छोटी-सी जगह पर अपना घर बनाया हुआ था। 2) फ़कीर बहुत जल्दी सुबह सवेरे साइकिल रिक्शा से मानवता मंदिर में पहुँच जाते थे। 3) फ़कीर हर रोज़ समाधि में जाते, गहन ध्यान करते, और हर रोज़ उनके अनुयायी भी उनके आस-पास बैठते और ध्यान लगाते थे। 4) फ़कीर चंद जी की चेतना की वापसी ऐसी थी कि उनकी आँखों का केवल सफेद हिस्सा दिखाई देता था। 5) फ़कीर दोपहर में हुक्का पीते थे, उसी समय वे अपना पत्राचार भी देखते थे। 6) फ़कीर का क़द छोटा था, हालाँकि 90 वर्ष से अधिक की उनकी उम्र को देखते हुए उनकी सेहत असाधारण रूप से अच्छी थी। 7) कभी-कभी फ़कीर की आँखें गहरे समुद्री नीले रंग की दिखती थीं और कभी हल्की भूरी। 8) फ़कीर ने विश्वविद्यालय के प्रोफेसरों, वकीलों, न्यायाधीशों और डॉक्टरों सहित कई उच्च शिक्षित अनुयायियों को आकर्षित किया था। अन्य गुरुओं के भक्त भी फ़कीर के सत्संगों का सम्मान करते थे। मैंने देखा कि फ़कीर चंद जी के प्रशंसक ब्यास, आगरा, दिल्ली, तरनतारन और अन्य संतमत केंद्रों से भी थे - उनमें से कइयों को मैंने व्यक्तिगत रूप से इंटरव्यू किया था।

बाबा फ़कीर चंद जी के संग रहने का आखिरी दिन मेरे दिल पर गहरा उकेरा हुआ है। जब मैं विदा लेने के लिए गया तब फ़कीर पीछे के एक कमरे में लेटे हुए थे। वृद्ध गुरु ने मेरे चेहरे को अपने हाथों में ले लिया, मेरी आँखों में गहरी नज़र से देखा और जो मेरे आने पर उन्होंने कहा था, उसे दोहराया, "तुम मेरे बेटे जैसे हो, बल्कि एक पोते जैसे हो। मैं चाहता हूं कि तुम अपने जीवन में व्यवहारिक बनो। दो तरह की विचारधारा है। एक विचारधारा का उद्देश्य लोगों को अपने दायरे में लाना है। वे लोगों को अपने धर्म में लाते हैं। लेकिन मैं लोगों को धर्म से भी हटा देता हूं। धर्म में पैदा होना एक वरदान है, लेकिन धर्म में मरना अभिशाप है। तुम मेरे विचारों को (अभी) पूरी तरह से नहीं समझ सकते, क्योंकि तुम्हें अभी अपने सांसारिक जीवन के बहुत से काम करने हैं। वर्तमान में तुम्हारे जो भक्ति-विचार अब हैं वे कुछ साल के बाद बदल जाएंगे,

और फिर उम्र बढ़ने के बाद तुम इस लाइन में आ जाओगे। तुम्हारे बारे में मेरी यह भविष्यवाणी है। ”

क्योंकि अगले दिन मैं महाराज चरण सिंह जी के सत्संग में जाने वाला था, फ़कीर ने मुझे उनके लिए एक संदेशा दिया। वे उनकी बहुत इज़्ज़त करते थे। उसके बाद फ़कीर कुछ निजी प्रकार की बातें बताते रहे जो हमेशा मेरे दिल में बंद रहेंगी। उनके चरणों में प्रणाम करने के बाद जैसे ही मैं उठा मैं जानता था कि होशियारपुर के इस महान, "अनजान" फ़कीर की दया और शोभा मुझे हमेशा याद रहेगी।

1978 की गर्मियों में मानवता मंदिर में अपने थोड़े समय के मुक़ाम के बाद मैंने बाबा फ़कीर चंद जी को फिर कभी नहीं देखा। फ़कीर के संयुक्त राज्य अमेरिका के पांचवें दौरे के दौरान मैंने सितंबर 1981 में उस पचानबे वर्षीय संत का अपने घर में सत्कार करने की आशा की थी। लेकिन दक्षिणी कैलिफोर्निया में अपनी निर्धारित यात्रा से दो हफ्ते पहले फ़कीर चंद जी हृदय गति रुक जाने के कारण कोमा में चले गए और तीन हफ्ते बाद पिट्सबर्ग अस्पताल में उनका देहांत हो गया। हालांकि, मुझे उनकी मृत्यु से कुछ सप्ताह पहले आशीर्वाद रूप में उनका टेलीफोन कॉल आया था, लेकिन वह आखिरी बार था जब मैंने उनकी चमकती आवाज़ सुनी थी।

फ़कीर की मृत्यु से उनके कई भारतीय भक्तों को सदमा लगा। हालाँकि, ऐसा प्रतीत होता है कि फ़कीर चंद जी को अपनी मौत के बारे में पहले से पता था। अपनी अमेरिका यात्रा से कुछ दिन पहले एक टेप-रिकॉर्ड की गई बातचीत में, वृद्ध फ़कीर से पूछा गया था कि वे भारत कब लौट रहे हैं। फ़कीर ने अपने असामान्य रूप से गूढ़ उत्तर में कहा, "अब मैं बक्से में बंद हो कर वापस आऊंगा।" और ऐसा ही हुआ। 1981 के अंत में, फ़कीर चंद जी का ताबूत अंतिम संस्कार के लिए होशियारपुर के मानवता मंदिर आश्रम, उत्तर भारत में पहुँचा।

फिर भी मेरे मानवता मंदिर जाने और बाबा फ़कीर चंद जी की किताबें कई बार पढ़ने से मुझे पक्का विश्वास हो गया कि पश्चिम में उनके जीवन और कार्य की जानकारी अधिक पहुँचनी चाहिए। उनके अनुभवों को साझा करने

के लिए मैं मुख्य रूप से इधर इसलिए खिंच गया था क्योंकि वे (पुस्तकें) आध्यात्मिक पथ पर अधिक स्पष्ट, अधिक निश्चित प्रकाश डालती हैं। मुझे महसूस हुआ कि आध्यात्मिक अभ्यास - सुरत शब्द योग से लेकर अद्वैत वेदांत तक - हरेक लाइन के भक्त फ़कीर चंद जी की तीव्र, बोधगम्य, और सबसे बढ़ कर स्पष्ट अंतर्दृष्टि से लाभ उठा सकते हैं। ध्यान के क्षेत्र में इतनी ईमानदारी और मेहनत से इकट्ठी की गई फ़कीर के अनुभवों की दौलत परावैयक्तिक (ट्रांसपर्सनल) मनोविज्ञान या चेतना के अध्ययनों में रुचि रखने वाले विद्वानों को अद्वितीय लाभ देने वाली है।

जब मैं इन अंतिम वाक्यों को लिख रहा हूँ तो एक दुख भी है कि 20 वीं सदी के सबसे महान योगियों में से एक अब शारीरिक रूप से हमारे साथ नहीं है। फ़कीर को हम शायद सबसे अच्छी श्रद्धांजलि यही दे सकते हैं कि हम उनके उस संदेश को जानें जो उन्होंने पचास वर्षों तक जीया और प्रचारित किया:

"मानव समाज में जो विकृतियाँ, बुराइयाँ, और उदासी है वो इस लिए नहीं है कि हम भगवान को याद नहीं करते या मंदिर, या मस्जिद या चर्च या गुरुद्वारा नहीं जाते, बल्कि इस लिए हैं क्योंकि आदमी सही मायनों में 'इंसान बनना' नहीं सीखता...इसलिए, जो संतमत में आना चाहते हैं और रूहानियत की आंतरिक अवस्थाओं को पार करना चाहते हैं उन सभी को मेरी सलाह है: सबसे पहले ईमानदारी से इंसान शब्द के असली मायनों में इंसान बनने की कोशिश करो, क्योंकि आध्यात्मिक तरक्की के लिए मन का शुद्ध होना पहली शर्त है। इसी लिए मैंने होशियारपुर में अपने आश्रम का नाम 'मानवता मंदिर' रखा है। हम तभी आध्यात्मिक हो सकते हैं जब पहले हम सच्चे इंसान हों। "

टिप्पणियाँ (NOTES)

1. सिख धर्म के भीतर नामधारी नामक एक उप-वर्ग है जो एक जीवित गुरु में विश्वास रखता है और एक कड़ी नैतिक संहिता (moral code) का पालन करता है, जिसमें मांस, शराब और तंबाकू से परहेज़ शामिल है। इन "प्रताप

सिंह" जी, नामधारियों के दिवंगत प्रमुख को तरनतारन के राधास्वामी सत्संग के दिवंगत अग्रणी श्री प्रताप सिंह जी न समझा जाए। दोनों अलग हैं.

2. स्टीव मॉरो ने न्यू हैम्पशायर में संत बानी प्रेस के प्रकाशन के लिए लाइट ऑन आनंद योग का संपादन किया है। (अब 'लाइट ऑन आनंद योगा' शीर्षक के तहत) I Steve Morrow has since edited Light on Anand Yog for publication by the Sant Bani Press in New Hampshire (now under the title Light on Ananda Yoga).

3. इस अवधि के दौरान मुझे बाबा फ़कीर चंद से छह पत्र मिले; उनमें से दो चौदह पृष्ठों से अधिक के थे।

4. यह महज़ एक अप्रत्याशित संयोग हो सकता है लेकिन होशियारपुर की मेरी यात्रा कई असामान्य घटनाओं से भरी थी। देखें पुस्तक, 'You Are Probability' (MSAC Philosophy Group, 2014)

5. जुलाई के उत्तरार्ध में, धार्मिक भारतीय "गुरु पूर्णिमा दिवस" मनाते हैं, जो उनके अपने गुरुओं के प्रति कृतज्ञता प्रकट करने और देश भर के गुरुओं का सम्मान करने का एक विशेष अवसर है।

6. द मास्टर स्पीक्स टू फॉरेनर्स: सीकर्स फ्रॉम एब्रॉड (होशियारपुर: फ़कीर लाइब्रेरी चेरिटेबल ट्रस्ट, 1978), पृष्ठ 18. The Master Speaks to The Foreigners: Seekers from Abroad (Hoshiarpur: Faqir Charitable Library Trust, 1978), page 18.

अनजानपने का परिचय

***नोट**: निम्नलिखित परिचयात्मक निबंध मूल रूप से 1980 के दशक में लिखा गया था और यह फ़कीर चंद जी की अनजानपने की परिकल्पना और चुनिंदा गुरुओं द्वारा किए गए दावों के समाधान का एक प्रयास है जो बाइलोकेशन (ख़ुद के दो जगह पर होने) की जानकारी होने का दावा करते हैं। इस विषय पर मेरे अपने विचार वर्षों में विकसित हुए हैं और मैं अधिक से अधिक आश्वस्त होता गया हूं कि अन्य गुरुओं के मुकाबले फ़कीर का नज़रिया इस मायने में उससे भी अधिक सार्वभौमिक (universal) है जितना मैं पहले सोचता था।*

बाबा फ़कीर चंद जी के साथ व्यक्तिगत रूप से मिलने के बाद, मुझे और प्रो. मार्क जुर्गेंसमेयेर (जिन्होंने 1978 के उत्तरार्ध में मनावता मंदिर का दौरा किया था) [See Juergensmeyer's book, Radhasoami Reality (Princeton University Press, 1991)] को ज़ाहिरा तौर पर यह साफ़ हो गया कि वह वृद्ध फ़कीर अन्य भारतीय गुरुओं से कुछ अलग था। हालाँकि, फ़कीर चंद जी के समर्पित अनुयायी हज़ारों की बड़ी संख्या में थे, उन्होंने अपने रूहानी कार्यों से जुड़े चमत्कारों से ख़ुद को यह कहते हुए पूरी तरह अलग कर लिया कि वो सब या तो भक्त के पिछले कर्म का या फिर गहन विश्वास का उत्पाद थे। यह वास्तव में ही बहुत सूक्ष्म दृष्टि थी जिसने फ़कीर को अपने ज्ञानोदय तक पहुँचाया था।

जब फ़कीर चंद जी ने अपने गुरु शिवब्रत लाल जी के अनुरोध पर शिष्यों को सुरत-शब्द योग में दीक्षित करना शुरू किया, तो एक बहुत ही निराली बात हुई। उनके भक्तों ने बताना शुरू कर दिया कि ध्यान के दौरान उनके अंतः में फ़कीर का दिव्य रूप प्रकट होता है। अन्य चमत्कारों का संबंध फ़कीर के प्रसाद, चिट्ठियों, या सलाह से था। तथापि, इस दौरान दूर-दराज़ के स्थानों पर फ़कीर का जो रूप दिखाई दिया या बीमारों और मरने वालों के लिए चमत्कार कर गया उसके बारे में फ़कीर का दावा था कि उन्हें ख़ुद को उन चमत्कारों के बारे में कोई भी ज्ञान या जानकारी नहीं थी। जैसा कि

फ़कीर ने खुद लिखा है, "लोग कहते हैं कि मेरा रूप उनमें प्रकट होता है और उनकी सांसारिक मुश्किलों के साथ-साथ मानसिक परेशानियों को भी हल करने में उनकी मदद करता है, लेकिन मैं कहीं नहीं जाता, न ही मुझे ऐसी चमत्कारी घटनाओं के बारे में पता होता है।" [Faqir Chand, The Essence Of The Truth (Hoshiarpur: Faqir Charitable Library Trust, शायद 1976 में प्रकाशित?)]। यहीं फ़कीर ने खुद से पूछा, "जो दृष्य मुझे दिखाई देते हैं वो क्या हैं? क्या वो मेरे अपने मन की रचना है और क्या मेरे गुरु को भी पता होता है कि मुझ में उनका रूप प्रकट हुआ है?" तभी, फ़कीर के अनुसार, उन्हें सच्चाई का एहसास हुआ: "सभी प्राकट्य, दृष्य, और रूप जो अंतः में दिखाई देते हैं वो मानसिक (भ्रम पूर्ण) रचना है।" [Faqir Chand, The Secret of Secrets (Hoshiarpur: Faqir Charitable Library Trust, 1975)]

इस अनुभव के बाद, फ़कीर ने अपने इस विश्वास का प्रचार करना शुरू किया कि बुद्ध, ईसा यहां तक कि उनके अपने गुरु शिवब्रत लाल जी तक सभी संत उनसे जुड़े चमत्कारों या आंतरिक अनुभवों से अनजान होते हैं। मार्च 1981 में अमेरिकन एकेडमी ऑफ रिलिजन (American Academy of Religion) को दिए गए एक पेपर में मैंने फ़कीर चंद जी के अनुभव का वर्णन करने के लिए "The Unknowing Hierophany" शब्दों का इस्तेमाल किया; यानी कि पार्थिव संसार के भीतर एक "दिव्य" माध्यम है जो अपने आध्यात्मिक प्राकट्य से अनजान है। [इस मूल पेपर का एक संशोधित रूप "The Journal Of Transpersonal Psychology," (वॉल्यूम 15, संख्या 1) में "The Hierarchical Structure of Religious Visions." शीर्षक के तहत प्रकाशित हुआ था। इसी अनजानेपन की व्याख्या करने में यद्यपि फ़कीर, संभवतः, सबसे अधिक मुखर हैं तथापि अन्य महान धार्मिक नेताओं, संतों और मनीषियों ने भी इसकी व्याख्या की है। फिर भी अधिकतर लोग (विशेष रूप से भक्त) उनकी उस व्याख्या को महान रहस्य के समक्ष उनके विनीत कथन के रूप में नहीं देखते, बल्कि यह मानते हैं कि संत अपनी विनम्रता दिखा रहे हैं या अपनी असलियत (वास्तविक कार्य, मिशन और प्रयोजन) को

छिपाए रखने की कोशिश कर कर रहे हैं। उदाहरण के लिए, मार्क का सुसमाचार (Gospel of Mark) में यीशु ने अपने पीछे चल रही उस भीड़ से पूछा है, "किसने मुझे छुआ है?" इसके बाद, एक महिला जो बारह वर्षों तक ख़ून बहने की बीमारी से पीड़ित थी, यीशु के पास आई और उसे एक दिव्य इलाज की अपनी योजना के बारे में बताया। एक स्पर्श से ही चमत्कार हुआ और उसका रक्तस्राव ठीक हो गया। इस पर यीशु ने कहा, "बेटी, तुम्हारे विश्वास ने तुम्हें ठीक किया है।" [Saint Mark, translated and edited by D.E. Nineham (Harmondsworth: Penguin, 1976)] जब प्रसिद्ध साधु, रमण महर्षि से यीशु की चमत्कार करने की शक्ति के बारे में पूछा गया, तो उन्होंने जो कहा उससे वही बात सिद्ध हुई जो फ़कीर चंद जी चालीस से अधिक वर्षों से बता रहे थे: "क्या यीशु उस समय जानते थे कि वो लोगों के रोगों का इलाज कर रहे थे? वे अपनी शक्तियों के संबंध में सचेत नहीं हो सकते थे?" इस तरह के प्राकट्य आपकी अपनी वास्तविकता के समान वास्तविक होते हैं। दूसरे शब्दों में, जब आप शरीर को जाग्रत रूप में पहचानते हैं, तो आप स्थूल वस्तुओं को देखते हैं; जब सूक्ष्म शरीर में या मानसिक अवस्था में होते हैं जैसे कि स्वप्न में, तब आप वस्तुओं को समान रूप से उतने ही सूक्ष्म रूप में देखते हैं; पहचान के अभाव में जैसे कि सुषुप्ति में, आप कुछ भी नहीं देखते हैं। देखी गई वस्तुओं का संबंध द्रष्टा की स्थिति के संबंध में (सापेक्ष) होता है। यही बात ईश्वर के दृष्यों पर भी लागू होती है।" [Talks With Sri Ramana Maharshi, Volume I, II, and III. (Tiruvannamalai: Sri Ramanasramam, 1972), pages 17 and 355] इस "अनजानपने" के साथ आंतरिक सर्वोच्च ज्ञान भी हमेशा मौजूद है जिसे संतों और साधुओं ने आत्मज्ञान की पहचान के रूप में वर्णित किया है। यीशु ने कहा, "पिता और मैं एक ही हैं।" सूफ़ी शहीद, मंसूर अल-हलाज (Mansur al-Hallaj), अपनी फांसी से पहले चिल्लाया, "अना'ल-हक़" (मैं सच हूं)। सरमद (Sarmad), यहूदी-भारतीय संत, ने कहा, "मैं राजाओं का राजा हूं।" और माइस्ता एख़र्ट (Meister Eckhart) ने कुछ अलग भाषा में लिखा, "भगवान जिस आंख से मुझे देखता है वही वो आंख है जिससे मैं उसे समझता

हूं।" ये उद्धरण दर्शाते हैं कि रहस्यवाद आध्यात्मिक ज्ञान से संबंधित है: आत्मा का ईश्वर के साथ संबंध, न कि कम महत्व की किसी अन्य मानसिक क्षमताओं के साथ जो गहन आध्यात्मिक अनुशासन के परिणामस्वरूप उत्पन्न हो सकती हैं। फिर भी, इस तरह के ज्ञान को तार्किक, वस्तुनिष्ठ शिक्षा के साथ नहीं जोड़ा जा सकता। पहले वाला किसी की शाश्वत प्रकृति का बोध है, ऐक्य (oneness) का पारलौकिक (transcendental) अनुभव। बाद वाला द्वैतवादी सोच से संबंधित है, यानि चीजों के बारे में वो ज्ञान रखना - जो दुनिया के दो अलग-अलग घटकों में एक भ्रामक विभाजन पर आधारित है: विषय और वस्तु। इस प्रकार, जब संत परम ज्ञान के बारे में बात करते हैं, तो वे ग्राउंड ऑफ बीइंग (Ground of Being, होने का आधार, जीवाधार) का जिक्र करते हैं, जो कि बाद की सभी स्थितियों के लिए एक शर्त है। नतीजतन, एक प्रबुद्ध गुरु को क्वांटम यांत्रिकी (quantum mechanics), नृविज्ञान (anthropology) या समालोचनात्मक इतिहास (critical history) जैसे शैक्षणिक विषयों के बारे में कोई जानकारी नहीं भी हो सकती है। जैसा कि केन विल्बर (Ken Wilber) ने सटीक टिप्पणी की है, "मैंने अभी तक किसी गुरु को अपने 'निपुण शरीर' के साथ चार मिनट में एक मील दौड़ते हुए या अपने 'निपुण मन' के साथ आइंस्टीन के सापेक्षता के विशेष सिद्धांत की व्याख्या करते नहीं देखा है। .. पूर्णता केवल चेतन ज्ञानोदय (conscious transcendence) में निहित है, न कि मूर्त (ठोस, concrete) प्राकट्य में।" [Spiritual Choices (New York: Paragon House Publishers, 1987), page 258]

भले ही फ़कीर चंद अपनी चमत्कारी शक्तियों या उनकी उपचारी शक्तियों के प्रति सचेत नहीं थे (ज़ाहिर है कि अधिकतर अन्य गुरु भी सचेत नहीं हैं), तो क्या यह ज़रूरी है कि सभी गुरु अपने दृष्यात्मक प्राकट्य (visionary manifestations) के बारे में अनजान होते हैं? इसके अलावा, क्या यह सच है कि सभी धार्मिक दृष्य व्यक्तिगत सृजन हैं, जो उत्साही भक्तों के विश्वास और एकाग्रता से निर्धारित होते हैं? पहली नज़र में इसका उत्तर "हाँ" प्रतीत होगा, क्योंकि कई आंतरिक दृश्य तथ्यात्मक और ऐतिहासिक

इंसानी हस्ती के नहीं होते हैं, लेकिन मिले-जुले (amalgamated) पात्रों, पौराणिक प्राणियों और काल्पनिक नायिकाओं के होते हैं - जिनकी कुछ जीवन-कथाएं पूर्णतः लेखक के अपने कल्पानाशील मन के आधार पर लिखी हो सकती हैं।

उदाहरण के लिए, पॉल ट्विट्चेल (Paul Twitchell) ने साहित्यिक व्यक्ति, रिबज़ार टार्ज़स (RebazarTarzs) की रचना की और दावा किया तिब्बती भिक्षु 500 साल से अधिक बूढ़ा है और हिमालय के पहाड़ों के एक दूरदराज़ के क्षेत्र में रहता है। हालाँकि, रिबज़ार टार्ज़स का वास्तव में अस्तित्व नहीं है, पॉल ट्विट्चेल के धार्मिक आंदोलन एकंकर (Eckankar) के प्रति समर्पित अनुयायी उसका असाधारण रूप प्रकट होने का दावा करते हैं। लेकिन जो मालूम हो रहा है वो काफ़ी स्पष्ट है: जब कोई चैतन्यता के एक अलग स्तर, जैसे O.B.E. (Out-of-body experience देह-बाह्य अनुभव) या N.D.E. (Near Death Experience मृत्यु के करीब के अनुभव) पर जाता है, तो वो अपनी ख़ुद की विशेष सांस्कृतिक पृष्ठभूमि के अनुसार आंतरिक प्रकाश की व्याख्या करता है। सिख गुरु नानक को देखते हैं, मूसा को नहीं; कैथोलिक वर्जिन मैरी को देखते हैं, बुद्ध को नहीं; और एकिस्ट्स (Eckists) रिबज़ार टार्ज़स को देखते हैं, न कि 7/11 के स्टोर क्लर्क को। [इस घटना के बारे में अधिक जानकारी के लिए, Exposing Cults (नया संस्करण आने वाला है) में मेरा अध्याय "Gakko Came From Venus: The Invention Of A Religious Tradition," देखें। फिर भी, करीब से निरीक्षण करने पर यह स्पष्ट हो जाता है कि कुछ गुरु अपने शिष्यों के साथ अपनी सूक्ष्म बातचीत के बारे में जानने का दावा करते हैं और कि कुछ दृष्य केवल अति विश्वास या एकाग्रता के कारण नहीं होते हैं। यह मानसिक जागरूकता, जैसी कि यह होती है, ज़ाहिरा तौर पर अनायास उठती है और किसी भी टिकाऊ समझे-बूझे जोड़-तोड़ का उत्पाद नहीं है।

रमण महर्षि जी, एक साधु, जो पूरी तरह से चैतन्य रूप से द्वि-स्थानी (bi-location) अनुभव का एक उत्कृष्ट उदाहरण हैं, उन्होंने मानसिक

शक्तियों या क्षमताओं में ज़रा भी रुचि नहीं दिखाई। रमण के जीवनी लेखक आर्थर ओसबोर्न ने बताया है:

"श्री भगवान के साथ मुलाकात के लगभग एक साल बाद, गणपति शास्त्री ने उनकी कृपा के एक उल्लेखनीय बहिर्प्रवाह का अनुभव किया। जब वे तिरुवोट्टियूर में गणपति के मंदिर में ध्यानस्थ बैठे थे, तब वे व्यग्र थे और उनमें श्री भगवान की उपस्थिति और मार्गदर्शन की तीव्र इच्छा थी।" उस क्षण श्री भगवान ने मंदिर में प्रवेश किया। गणपति शास्त्री ने उन्हें प्रणाम किया और जब वे उठने ही वाले थे, उन्होंने महसूस किया कि उनके सिर पर श्री भगवान का हाथ है और उस स्पर्श से उनके शरीर में अथाह जीवनी-शक्ति प्रवेश कर रही थी; जिससे उन्हें गुरु के स्पर्श से कृपा भी प्राप्त हो रही थी।" बाद के वर्षों में इस घटना के बारे में बोलते हुए, श्री भगवान ने कहा, "कुछ साल पहले एक दिन, मैं लेटा हुआ था और जाग रहा था जब मुझे स्पष्ट रूप से लगा कि मेरा शरीर ऊंचा..और ऊंचा उठ रहा है। मैं देख पा रहा था कि नीचे की प्राकृतिक चीज़ें छोटी..और छोटी होती जा रही हैं जब तक कि वे अदृश्य नहीं हो गईं और मेरे चारों ओर चकाचौंध रोशनी का एक असीम विस्तार था। कुछ समय बाद मुझे लगा कि शरीर धीरे-धीरे नीचे उतर रहा है और नीचे प्राकृतिक वस्तुएं दिखाई देने लगीं। इस घटना के दौरान मैं पूर्णतः ऐसे जागृत था कि मैंने अंततः निष्कर्ष निकाला कि सिद्धों (सिद्धियों वाले ऋषियों) का थोड़े समय में दूर-दूर तक यात्रा करना और रहस्यमय तरीके से यों प्रकट और अदृश्य होना इसी तरह होता होगा। इस प्रकार जब मेरा शरीर ज़मीन पर उतरा ही था कि मेरे साथ यों हुआ कि मैं तिरुवोट्टियूर में था, हालांकि मैंने इससे पहले कभी यह जगह नहीं देखी थी। मैंने ख़ुद को एक बड़ी सड़क पर पाया और उसी पर चल दिया। सड़क के किनारे कुछ दूरी पर गणपति का मंदिर था और मैंने उसमें प्रवेश किया।" यह श्री भगवान की बहुत ख़ास घटना है। इसकी विलक्षणता यह है कि उनके लोगों में से एक की व्यथा या भक्ति एक अनैच्छिक अनुक्रिया (involuntary response) और अंतःक्षेप (intervention) का ऐसे रूप में आह्वान कर ले जिसे केवल चमत्कार ही कहा जा सकता है। [Arthur Osborne, Ramana Maharshi

And The Path of Self-Knowledge (Bombay: Jaico Publishing House, 1982), pages 93-94.]

श्री रमण के द्वि-स्थानी (bilocation, अनेकदेशीयता) अनुभव से संकेत मिलता है कि फ़कीर चंद जी की सभी गुरुओं के बारे में जो यह साफ़ बयानी है कि वे उनके दृश्यात्मक प्राकट्य के बारे में नहीं जानते हैं, उसमें 'बशर्ते' की आवश्यकता हो सकती है। सीधे शब्दों में कहें, तो कुछ संत अपने चमत्कारी प्राकट्य के बारे में जानते प्रतीत होते हैं। हालांकि, इन "पूर्णतः जागरूक" सिद्धों (mystics) की संख्या अविश्वसनीय रूप से इतनी छोटी है कि यह कहना अतिशयोक्ति नहीं होगी कि फ़कीर चंद जी की "अनजान होने" की परिकल्पना दुनिया भर के लगभग सभी तथाकथित गुरु-रूप-प्राकट्य की व्याख्या करती है। अधिकतर आंतरिक दृश्य किसी के अपने ही मन के दृश्य-प्रसार (projections, उभार) हैं, जिनकी बाहरी दुनिया से या उच्चतर आंतरिक अवस्थाओं के साथ पर्याप्त "यथार्थ पड़ताल" नहीं की जा सकती। इसके अलावा, भक्ति की वस्तु (जिसकी भक्ति की जाती है) को इन निज-पार (transpersonal) अनुभवों में अपनी भूमिका के बारे में अधिकतर पता नहीं होता। इस प्रकार, चंदियन प्रभाव (The Chandian Effect जिसका नामकरण फ़कीर चंद जी के नाम पर किया गया है) एक सामान्य स्पष्टीकरण है जो लगभग सभी ट्रांसपर्सनल दृश्यों को कवर करता है। रमण का अनुभव और अन्य का वैसा अनुभव बहुत छोटे, संक्षिप्त, "विशेष" स्थिति के परिदृश्य का प्रतिनिधित्व करता है। इस तरह, यह आगे के निरीक्षण का अधिकार देता है, लेकिन एक सामान्य संदर्भ बिंदु के रूप में इसकी ग़लत व्याख्या नहीं की जानी चाहिए जिससे भौतिक संसार से बाहरी घटनाओं पर फैसले दिए जाएँ। 'चंदियन प्रभाव' नाम इसलिए दिया गया क्योंकि फ़कीर चंद पहले ऐसे संत मत गुरु थे, जिन्होंने दृष्य-प्रकट्य के "अनजान" पहलुओं के बारे में लंबे समय तक बात की, निज-पार (ट्रांसपर्सनल) अनुभवों के दो प्रमुख कारक बताए: 1) निश्चितता का भारी अनुभव (पूर्णतः दूसरा और अलग तथा भयकारी और आकर्षक अनुभव) जो धार्मिक आनंदातिरेक के साथ होता है; और 2) ध्यानी/भक्त के व्यक्तिपरक

दृश्यप्रसार (उभार) यानि पवित्र रूप/आकृतियाँ/दृश्य जो अनुभव के केंद्र में रखी गई वस्तु/व्यक्ति के सचेत ज्ञान के बिना होते हैं। [अनुवादक का नोट: इन दोनों बिंदुओं का अंग्रेज़ी पाठ संदर्भ के लिए देना आवश्यक समझा गया है जो इस प्रकार है:- 1) the overwhelming experience of certainty (ganzandere/mysteriumtremendum) which accompanies religious ecstasies; and 2) the subjective projection of sacred forms/figures/scenes by a meditator/devotee without the conscious knowledge of the object/person who is beheld as the centre of the experience.] [मूल लेखक ने यह शब्दावली पहली बार अपने आलेख, "The Himalayan Connection: U.F.O.'s and The Chandian Effect," The Journal of Humanistic Psychology (Fall 1984). के लिए गढ़ी थी]

इन "विशेष मामलों" के बारे में, सावन सिंह जी (1858-1948), जो सुरत-शब्द योग परंपरा में एक बहुत प्रशंसित गुरु हैं, जिनके प्रति फ़कीर चंद जी और उनके गुरु शिवब्रत लाल जी दोनों ने ज़बरदस्त सम्मान व्यक्त किया है, ने लिखा था कि बाहरी गुरु अपने शिष्यों की आंतरिक स्थिति के बारे में जान सकता है और जानता है। सावन सिंह जी ने बताया कि यह ज्ञान आंतरिक शब्द (दिव्य ध्वनि) के माध्यम से शारीरिक गुरु को पहुँचता है, लेकिन केवल उन चरम स्थितियों में जब बाहरी गुरु की देखभाल की ज़रूरत होती है। [See Sawan Singh's letters to American and European disciples in Spiritual Gems and The Dawn of Light published by the Radhasoami Beas Satsang.] अपने एक शिष्य को सावन सिंह जी लिखते हैं:

"अब आपके आंतरिक गुरु के सवाल पर, और जो अंदर का गुरु अपने शिष्य को मार्गदर्शन देता है - सबसे पहले यह कि अंतर का गुरु क्या है? असली संत या पूर्ण गुरु वो होता है जो सबसे ऊँचे मालिक के साथ एक हुआ होता है, जिसने ख़ुद को उस मालिक में लय कर दिया हो। अब, जैसे कि उस मालिक के पास सारी शक्ति है, इसलिए पूर्ण गुरु के पास भी होती है। वो जैसा चाहे वैसा कर सकता है - कहीं भी और हमेशा, ताकि वो अपने

33

शिष्यों के साथ बेहतर कार्य कर सके, उनकी रक्षा कर सके और उनको निर्देश और मार्गदर्शन दे सके। हर बार जब वो नामदान (दीक्षा) देता है तब वो शिष्य में अपना एक अलौकिक (Astral, सूक्ष्म) रूप बनाता है। और उसके बाद गुरु कभी भी शिष्य को नहीं छोड़ता। गुरु की डबल, या दूसरे स्व (self, आपा), या गुरु की छवि को ही कभी-कभी हम अंदर का गुरु कह देते हैं। अब, यदि शिष्य के जीवन में कुछ भी होता है जिसे गुरु की निजी देखभाल की ज़रूरत होती है, यहाँ (भारत में) शरीर में - यह आंतरिक गुरु एकदम चेतन गुरु (भारत में) को बताता है और चेतन गुरु उस चीज़ की व्यक्तिगत देखभाल करता है। गुरु कभी-कभी अपने ख़ुद के दो रूपों (एजेंटों) को बुलाता है। वे उसका काम करते हैं और उसके सभी शिष्यों का ख्याल रखते हैं। उनके पास कार्य करने की बेहद ताकत होती है। गुरु जो भी चाहता है वे कर सकते हैं और वे गुरु का हुक्म मानते हैं। यहाँ (भारत में) गुरु के इंसानी रूप को शायद पता न हो कि उस व्यक्ति के जीवन में क्या हो रहा है। वो धरती के दूसरी तरफ हो सकता है। उसे ब्योरे पता नहीं होंगे, लेकिन वो चाहे तो उन्हें जान सकता है। लेकिन प्रकट रूप में आप देखते हैं कि किसी एक आदमी का दुनिया के सभी हिस्सों में जाना और इतने सारे लोगों की देखभाल करना कितना मुश्किल होगा। यदि एक गुरु के एक लाख शिष्य हों, तो उनमें हरेक के पास उसका एक डबल अलौकिक रूप होगा, और गुरु का वो एजेंट हमेशा शिष्य की देखभाल करेगा, यहां (भारत में) गुरु को रिपोर्ट केवल बहुत ही इमरजेंसी के हालात में करेगा।" [एक महान गुरु का अपने शिष्य को लिखे एक पत्र का सार, Science Of The Soul (June 1985)]

इसलिए, इस परिप्रेक्ष्य के अनुसार, बाहरी गुरु को ज्यादातर पता नहीं होता है। रमण महर्षि के अनुभव के समान, ब्यास के गुरु केवल विशेष अवसरों पर अपने दूर के प्राकट्य के बारे में जानते हैं। कुछ ख़ास गुरु अपने शिष्य के आध्यात्मिक अनुभवों के बारे में संभवतः कैसे जान सकते हैं, इसके पीछे का तरीका डॉ कल्कि (उर्फ दा लव आनंद; दा फ्री जॉन; बुब्बा फ्री जॉन; फ्रैंकलिन जोन्स) ने अनूठे तरीके से बताया है: "उसके बाद, [जब डॉ. जॉन आत्मज्ञान प्राप्त कर चुके थे] जब मैं किसी भी औपचारिक तरीके से ध्यान

के लिए बैठता, तो यह सोचने के बजाय कि मुझ में क्या दिख रहा है, मैं यह मनन करता था कि अन्य प्राणी मेरे ही रूप हैं। मेरी स्वयं की मानसिक आकृतियाँ पैदा होने के बजाय, दूसरों के मानसिक रूप, मन और बाधाएँ दिखने लगतीं। द्रष्टा के रूप में और अन्यथा मैं जानता था कि लोग बड़ी संख्या में हैं, और मैं उनके साथ सीधे तौर पर एक सूक्ष्म स्तर पर काम करता। कुछ मामलों में, उन लोगों ने जल्द ही मुझसे संपर्क किया और एक व्यक्तिगत नाते के तौर पर मुझ से जुड़े। अन्य वे लोग थे जिन्हें मैं पहले से जानता था। मैं उनके लिए सूक्ष्म तरीके से काम करता था, और फिर उस प्राकट्य (manifestation) की वास्तविकता को उनके बाहरी जीवन के लक्षणों में और ज़ाहिर देखता। मैंने इस तरीके से सब कुछ परखा। " [Bubba (Da) Free John, The Enlightenment Of The Whole Body (Clearlake: Dawn Horse Press, 1978), page 38.]

दा कल्कि के मेरे इस उद्धरण को गुरुवाई में उनकी किसी महारत के समर्थन के तौर पर न लिया जाए; यह समर्थन नहीं है। यद्यपि मैं ईमानदारी से दा लव आनंद के लेखन का एक बड़ा "प्रशंसक" हूं, लेकिन मैं उनकी व्यक्तिगत जीवन शैली का बहुत कड़ा आलोचक हूं। मैंने इसी बिंदु पर एक व्यापक लेख लिखा है - 'संदेश का माध्यम से फ़र्क कैसे करें' (how to distinguish the message from the medium) - क्योंकि यह याद रखना अत्यंत महत्वपूर्ण है कि किसी शख़्स का एक शानदार लेखक/विचारक होने का यह मतलब नहीं है कि वो "ईश्वर-ज्ञाता" या "पूर्ण गुरु" भी है। इसके अलावा, मैं पक्के तौर पर नहीं कह सकता कि दा कल्कि को कोई आध्यात्मिक अनुभव है। मुझे लगता है कि संभावित आध्यात्मिक अनुभवों की उनकी व्याख्या स्पष्ट और तर्कसंगत है। ["The Paradox Of Da Free John: Distinguishing The Message From The Medium." UCSM (Volume One, Number Two). देखें]

उदाहरण के लिए, ब्यास में राधास्वामी सत्संग के दिवंगत प्रमुख चरण सिंह जी नामदान के लिए शिष्यों को देख कर ही चुन लेते थे। मैंने व्यक्तिगत रूप से चरण सिंह जी के सामने हजारों लोगों को सीधे पंक्ति में खड़े देखा है और कुछ ही सेकंड में वे अपना सिर बाईं या दाईं ओर घुमाते थे,

जो यह दर्शाता था कि नामदान लेने आए व्यक्ति को नाम-दान के लिए स्वीकार किया गया था या अस्वीकार कर दिया गया था। [नाम-दान एक समारोह है जहां जीवित सत्गुरु चुनिंदा शिष्यों को "नाम का उपहार" या दीक्षा देता है। इसमें सटीक विवरण से तिहरी विधि बताई जाती है जिससे ध्यान लगाते हुए भौतिक शरीर से चेतना को खींचा जाता है: सुमिरन (पवित्र नाम/नामों की पुनरावृत्ति), ध्यान (आंतरिक प्रकाश या अपने भीतर गुरु के रूप का ध्यान); और भजन (दिव्य शब्द-धारा को सुनना)। ऐसी कई फिल्में बनाई गई हैं जिनमें इस नामदान की असामान्य प्रक्रिया को फिल्माया गया है जैसे - सत-गुरु (लंदन 1976), द डेरा डॉक्यूमेंट्री (डेरा बाबा जैमल सिंह, ब्यास, भारत, 1970), और द गाइडिंग लाइट (डेरा बाबा जैमल सिंह, ब्यास, भारत 1983)।] सन 1981 की सर्दियों में मैंने व्यक्तिगत रूप से डेरे के प्रसिद्ध सत्संग घर के अंदर इस घटना को देखा था। यह कहने की जरूरत नहीं है कि यह एक विस्मयकारी दृश्य होता है, और मैं स्वीकार करता हूं वो मेरी सीमित समझ से परे है। 1970 में अपने दूसरे विश्व दौरे के दौरान, महाराज चरण सिंह जी से निम्नलिखित प्रश्न पूछा गया था: "क्या शारीरिक गुरु सभी दीक्षित लोगों के आंतरिक अनुभवों से अवगत होता है?" चरण सिंह जी का जवाब दर्शाता है कि बाहरी गुरु को उसके दृश्यात्मक प्राकट्य के बारे में पता होता है। जवाब में चरण सिंह जी ने कहा था: "हमारा असली गुरु, जैसा कि अभी मैंने आपको बताया है, शब्द और नाम है। और जब हम उस शब्द और नाम से जुड़े होते हैं, वो शब्द और नाम हमारी देखभाल करता है। शारीरिक गुरु, ज़ाहिर है, इसे जानता है। [मेरा ज़ोर इस बात पर है।] लेकिन, आप जानते हैं, यह शब्द और नाम ही है जो हमारा असली गुरु है, जो हर बात का ख्याल रखता है।" [Thus Saith The Master (Beas: R.S. Foundation, 1974), page 150.]

असाधारण प्राकट्य का एक और उदाहरण जो फ़कीर चंद जी के अनजानपने की परिकल्पना से परे चला जाता है, वो बाबा जैमल सिंह, ब्यास सत्संग के पहले गुरु और राधास्वामी के संस्थापक शिव दयाल सिंह जी के अपने शिष्य से आता है। निम्नलिखित उद्धरण में, जैमल सिंह जी अपने गुरु

के सबसे उल्लेखनीय शारीरिक रूप से द्वि-स्थानी होने का विवरण देते हैं। बाबा जी याद करते हैं:

"एक बार, क्रिसमस के दौरान, सेना की यूनिटों को चार छुट्टियों की अनुमति दी गई थी। चूँकि उस दौरान मेरे पास कोई सरकारी ड्यूटी नहीं थी, मुझे लगा कि मैं यह छुट्टी अपने कमरे में ध्यान लगाने में बिता सकता हूं। उसी लिहाज़ से, मैंने रसोइए से कहा कि मुझे उठाना मत, अगर मुझे भोजन की ज़रूरत होगी, तो मैं ख़ुद बता दूँगा। और अगर कोई मेरे बारे में पूछे, तो कह देना कि मैं बाहर गया हूँ। फिर ऐसा हुआ कि उसके कुछ ही देर बाद कुछ अकाउंट लिखने के लिए मेरा हाज़िर रहना ज़रूरी हुआ। क्योंकि मेरे दरवाज़े पर ताला लगा था, मुझे बुलाने के लिए जो आदमी आया वो निराश हो कर गया। इस बीच, यूनिट के अधिकारी ने ऐसे क्लर्क से पूरा हिसाब मांग लिया जो वाकई नहीं जानता था कि मेरी ग़ैर-हाज़िरी में क्या करना है। बस जैसे ही उसके मन में विचार आया कि वो मेरी ग़ैर-हाज़िरी की रिपोर्ट अधिकारी को दे दे तभी उसने मुझे देखा और मुझे यह कहते हुए सुना कि खाता लिख लो। क्लर्क ने वैसा ही किया। इस तरह के खाते रोज़ाना तीन बार दिए गए, और उसके बाद क्लर्क ने वो खाते मिलने पर संबंधित अधिकारी को भेज दिए। यह उन चार दिनों तक चलता रहा, उस दौरान मैं अपने कमरे में ध्यान में लगा हुआ था। फिर भी, इसके बारे में मुझे कुछ पता नहीं था, क्योंकि मैं सुबह चार बजे और रात दस बजे नित्यकर्म आदि के लिए अपने कमरे से बाहर निकलता था। जब छुट्टियां खत्म हुईं और मैं अपने कमरे से बाहर आया, तो मुझे केवल पिछले दिन के खातों के लिए ही बुलाया गया था। मैंने क्लर्क से कहा कि मैं पिछले चार दिनों से अपने कमरे में ही था और उस पूरी अवधि के कोई खाते नहीं दिए हैं। क्लर्क ने उन दोनों व्यक्तियों को बुलाया, जो उस समय उपस्थित थे जब खाते दिए गए थे। उनमें से एक ने वो काग़ज़ भी पेश कर दिया जिससे खाते लिखवाए थे और कहा कि आप ख़ुद ही देख लीजिए कि यह लिखावट आपकी है या नहीं. जब मैंने उस काग़ज़ की जांच की, तो मैंने उसे ठीक वैसा ही पाया जैसा उसे होना चाहिए था। मेरी ग़ैर-हाज़िरी में मेरी जगह रहने और उस दौरान मुझे सौंपे काम पूरा करने की

जो अपार कृपा की थी उसके लिए मैंने चुपचाप हुज़ूर स्वामी जी के चरणों में ध्यान किया और सिर झुका दिया।" [Baba Jaimal Singh, Spiritual Letters (Beas: R.S. Foundation, 1984), pages 13-14. इसी पुस्तक में बाबा जैमल सिंह कई द्वि-स्थानी अनुभवों का उल्लेख करते हैं।]

हालाँकि, जैमल सिंह का अनुभव असाधारण था, लेकिन रहस्यवादियों द्वारा इसी तरह के भौतिक द्वि-स्थानी भ्रमण की अन्य रिपोर्टें भी मिली हैं। [देखें D. Scott Rogo's Miracles: A Parascientific Inquiry Into Wondrous Phenomena (New York: The Dial Press, 1982) Chapter IV, जो विशेष रूप से दुनिया भर में द्वि-स्थानी अनुभवों से संबंधित है।] हालांकि, याद रखने वाली महत्वपूर्ण बात यह है कि ऐसे अनुभव अपवाद हैं, न कि अध्यात्म के नियम। फ़कीर की अनभिज्ञता (ignorance) के ख़ुलासे का मूल्य यह है कि भारत में और अन्य जगहों पर अधिकांश गुरु (मेरा दिल करता है कि कह दूं 'सब गुरु') एक जैसे हैं, लेकिन वे सच्चे, भोले-भाले, शिष्यों के सामने अपनी उपलब्धियों का झूठा दिखावा करते हैं। फ़कीर की चौंका देने वाली अंतर्दृष्टि दर्शाती है कि अधिकांश धार्मिक दृष्य वास्तव में, किसी के मन का उत्पाद हैं। जब मैं यहाँ "मन" शब्द का इस्तेमाल करता हूं, तो उसे "कल्पना" शब्द के समान समझना चाहिए। स्वभाविक रूप से, सभी दृष्य, शब्द के विशुद्ध अर्थों में, मन के होते हैं लेकिन जो प्राकट्य इस दुनिया में या उच्चतर दुनिया में अन्य द्वारा सहसंबद्ध (correlated) नहीं हो सकते हैं वे अधिकतर किसी की कल्पना का विशद विस्तार मात्र हैं।

फिर भी हमें फ़कीर के स्वीकरण को इस रूप में नहीं लेना चाहिए कि कुछ दुर्लभ संतों के पास हमारी समझ से परे के ज्ञान की संभावना पर कोई प्रतिबंध लग गया है, और कि उन ऊँची अवस्थाओं में रहने की वजह से वे अपने संबंधित अनुयायियों को इस तरह का ज्ञान सीधे तौर पर देने की क्षमता रखते हैं। [अगर मुझे यहां एक व्यक्तिगत टिप्पणी डालनी हो, तो मैं स्वीकार करूँगा कि फ़कीर चंद जी और उनके अनजान होने के दावों के साथ मैं अधिक से अधिक सहमत हो रहा हूँ।] गुरु मंच के एक अनुभवी पर्यवेक्षक (observer) के रूप में, मुझे जो ज़्यादा दिखा वो छोटे-मोटे मानवीय हेतु हैं।

निश्चित रूप से, ऐसे गुरु हैं जिन्होंने मुझे अपनी करुणा और विनम्रता से प्रभावित किया है (चरण सिंह जी, कम से कम मेरे लिए, सबसे प्रभावशाली हैं), लेकिन मुझे अभी तक वास्तविक आध्यात्मिक शक्तियों वाला एयरटाइट मामला नहीं मिला जो प्रयोग से सिद्ध हो जाए। हमेशा कुछ ऐसी ख़ामियाँ होती हैं जिनका मुआइना नहीं हुआ होता, जो बताती हैं कि प्राकृतिक (बनाम अलौकिक) प्रक्रियाएं वहाँ शामिल थीं। मुझे एहसास है कि मेरा संशयवाद कई परामनोवैज्ञानिक लिफ़ाफ़े बाज़ियाँ बंद कर देगा, लेकिन अनावश्यक मान्यताओं को कम करते जाने के सिद्धांत (Occam's Razor) के आलोक में मुझे यह साबित करने के लिए कोई भारी सबूत नहीं मिला है जिससे मैं कहूँ कि फ़कीर चंद जी की आत्मकथात्मक स्वीकारोक्तियाँ सही नहीं है।

इसके अलावा, हमें ध्यान रखना चाहिए कि फ़कीर चंद जी के शब्द "अनभिज्ञता (Ignorance)" के दो अर्थ हैं। पहला, फ़कीर ने "अनभिज्ञता" शब्द (जिसमें "अन" मोटे अक्षरों में है) का प्रयोग ईश्वर के प्रति पूर्ण अर्थ में किया है, जो कई संतों और रहस्यवादियों की इस बात से सहमति है कि ईश्वर एक निर्गुण रहस्य (unqualified Mystery) है (जैसा कि शिव दयाल जी ने कहा था: "हैरत, हैरत, हैरत होई; हैरत रूप धरा इक सोई")। संभावना है कि, इस संदर्भ में, फ़कीर चंद जी से बहस कम ही होगी। तथापि, फ़कीर "अनभिज्ञता (ignorance)" शब्द का इस्तेमाल अपने इस बोध (realization) को व्यक्त करने के लिए भी करते हैं कि गुरु उनके रूप प्राकट्य के बारे में नहीं जानते हैं। जैसा कि हमने उल्लेख किया है, इस सामान्य नियम के अपवाद हो सकते हैं, हालांकि उन्हें अभी तक आनुभविक रूप से सत्यापित नहीं किया गया है।

फ़कीर की आत्मकथा

आत्मकथा

1

मेरा जन्म 18 नवंबर 1886 को पंजाब के हमारे पुश्तैनी गांव भंजाल के ब्राम्हण परिवार में हुआ। यह गाँव उस वक्त पंजाब स्टेट के होशियारपुर ज़िला में था। मेरे पिता मस्तराम इंडियन रेलवे पुलिस में कांस्टेबल थे। परिवार में सिर्फ़ मेरे पिता कमाते थे, उनकी तन्खाह कम थी, परिवार में बहुत ग़रीबी थी। अलावा इसके मेरे पिता सख़्त मिज़ाज थे जिसकी वजह शायद यह थी कि उनकी नौकरी ऐसी थी या उन्हें घर की माली हालत की फ़िक्र थी। घर की ग़रीबी और पिता के सख़्त मिज़ाज की वजह से मैं (7 साल की उम्र में) राहत पाने के लिए ईश्वर की भक्ति में लग गया जो दुनिया का बनाने वाला है। हिंदू संस्कारों के अधीन मेरे विचार और कर्म अच्छे थे और आगे चल कर मैंने रामायण, महाभारत और हिंदू धर्म के दूसरे धार्मिक ग्रंथ पढ़े। चूँकि ये ग्रंथ हमारी ज़िंदगी के बारे में हैं और इनमें भगवान राम और भगवान कृष्ण के बारे में लिखा है कि वे अपने भक्तों के लिए इंसानी शक्ल में धरती पर अवतार लेते हैं, मैं उनसे प्रेम करता था और उनके मुक़द्दस (पावन) रूप का ध्यान किया करता था। गाँव ददन ख़ान, ज़िला झेलम (जो अब पाकिस्तान में है) जहाँ मेरे पिता की तैनाती थी, वहाँ मैंने मिडल तक पढ़ाई की। लेकिन पैसे की तंगी की वजह से मेरे पिता मुझे ऊँची तालीम नहीं दिला सके।

2

1904 के आसपास 18 साल की उम्र में मुझे रेलवे की कंस्ट्रक्शन लाइन में सिग्नेलर की नौकरी मिली। ड्यूटी करने के बाद मैं रेलवे स्टेशन के एक सिग्नेलर की मदद से ख़ुद अपने तौर पर टेलिग्राफ़ी सीखा करता था। उस छोटी उम्र में मैं डिपार्टमेंट के प्लेटियर्स और ठेकेदारों के संपर्क में आया। वे सभी मांसाहारी थे और उनकी संगत का असर मुझ पर पड़ा और मैं भी

मांसाहारी बन गया। उन इंस्पैक्टरों और ठेकेदारों की संगत में मुझे और भी ग़लत आदतें पड़ीं। मैंने छह महीने तक मांस खाया, तीन मौकों पर रम पी, एक बार जुआ खेला और सवा रुपया हार गया और वेश्या के पास भी गया।

3

सन् 1905 में एक दिन सुबह बहुत सर्दी थी, एक रात पहले सारे कांगड़ा ज़िला में ज़बरदस्त भूचाल आया था जिसमें जानमाल का बहुत नुकसान हुआ था। मेरा एक भाई (कज़िन) हर रोज़ की तरह सुबह जल्दी उठा, ठंडे पानी से नहाया और पूजा-पाठ किया, उसने खाना बनाया और हम खाने बैठ गए। उसी वक्त रेलवे स्टेशन का एक आदमी आया और मीट की प्लेट मेरे सामने रख दी। मेरे भाई को, जो शाकाहारी था उसे मीट की गंध से घिन आई। उसने अपने नाक-मुँह पर हाथ रख लिए और माँस के प्रति नफ़रत के साथ उसने दूर से दो चपातियाँ मेरी प्लेट में फेंक दीं। उसके चेहरे पर अजीब से भाव थे और मैं अचानक हुए उस नज़ारे को भूल नहीं पा रहा था। मेरे भीतर मानसिक द्वंद शुरू हो गया। मैं अपने अंतर में सवाल-जवाब करता रहा। मैं उसे भाई मानता था। वो हिंदू धर्म के असूलों पर चलने वाला था और नियम-निष्ठा वाला जीवन जी रहा था जबकि मेरे कर्म पूरी तरह नियम-निष्ठा वाले नहीं थे। ऐसा क्यों हुआ? आधे घंटे तक मेरे मन में यह कश्मकश चलती रही और मैं फ़ैसला नहीं कर सका कि माँस खाऊँ या फेंक दूँ। एक ब्राह्मण के लिए मीट खाने की मनाही है। आख़िरकार मैंने माँस न खाने का फैसला किया और उसके बाद छह महीने तक माँस नहीं खाया। उस वक्त के दौरान मुझ पर अपने कर्म का पछतावा हावी रहा। लेकिन वेश्या के पास जाने से मुझे तजुर्बा हुआ कि सेक्स मेरी कमज़ोरी है। एकदम पिता जी को चिट्ठी लिखी कि मेरी बीवी और माँ को (तेरह साल की उम्र में मेरी शादी हो गई थी) को मेरे यहाँ भेज दो।

4

एक दिन मैं सैर को निकला था। रास्ते में मुझे जांगली गाँव का मुखिया मिल गया। बातचीत के दौरान हमने मांस खाने के फ़ायदे और नुकसान पर बहस शुरू कर दी। उसने मांस खाने के हक़ में बात की। उसने

मांस खाने के हक़ में बात इतनी दलील से रखी कि मैं भूल गया कि मांस खाना पाप था। जाने से पहले उस शख़्स ने एक मुर्गा मुझे थमा दिया। पिछले अनुभव का ख़्याल न करके मैंने वो मुर्गा क्लास IV कर्मचारी को काटने के लिए दे दिया। उसने उस जीव की गर्दन काटी और पकाने के लिए तैयार कर दिया। मैं उसे घर ले आया और बीवी से कहा कि मुर्गा पका दे। जब मेरी माँ को इसका पता चला तो वो रसोई में गई, दरवाज़ा बंद कर लिया और अंदर से कुंडी लगा ली। मेरी बीवी ने रसोई का दरवाज़ा खटखटाया ताकि वो मीट बना सके। लेकिन मेरी माँ ने दरवाज़ा नहीं खोला। मेरी बीवी ने माँ की बड़ी मिन्नतें कीं लेकिन कोई जवाब नहीं आया। तब मैंने और मेरे भाई दोनों ने दरवाज़ा बार-बार खटखटाया, माँ से प्रार्थना कि दरवाज़ा खोल दो। लेकिन उसने कोई जवाब नहीं दिया। तब घबरा कर (क्योंकि रसोई के अंदर से धुँआ बाहर आ रहा था) मैंने कुल्हाड़ी से दरवाज़ा तोड़ दिया। वो बाहर आई, रसोई के धुंए से साँस घुट रही थी और उसके चेहरे पर (मुर्गे को लेकर) मेरे बुरे कर्म की वजह से गुस्सा और मायूसी लिखी हुई थी। माँ के लिए प्यार से भर कर मैंने उसे गले से लगा लिया और पूछा, "माँ तूने दरवाज़ा क्यों नहीं खोला? अगर तेरा दम घुट जाता तो मैं माँ को कहाँ ढूँढता?" माँ ने गुस्से में मुझे अचानक ज़ोर से धक्का मारा और मैं ज़मीन पर गिर गया। मैं उठा और उतने ही प्यार से फिर उसे गले लगाया और पूछा कि तू मुझ से इतनी नाराज़ क्यों है? तब उसने कहा, "तूने एक माँ के बच्चे को मारा है। मुर्गी अपने प्यारे बच्चे के मरने पर दुख से किकिया रही होगी। तुमने बहुत ही बड़ा पाप किया है।" उसी वक्त अपने अंदर की आवाज़ सुन कर मैंने पक्का निश्चय कर लिया कि आगे से ऐसा पाप कर्म नहीं करूँगा। तब से (अब मैं 94 साल का हूँ) मैंने ऐसा कोई काम नहीं किया जो हिंदू धर्म के असूलों के लिहाज़ से 'पाप' कहा जाता हो, लेकिन मुझ में काम का अंग प्रबल था जिसे पूरा करने के लिए मेरी बीवी साथ थी।

5

ऊपर बताए चार पापों का प्रायश्चित करने के लिए मैंने राम और कृष्ण के रूप में ईश्वर से प्रार्थना की। मैं रोता था, प्रार्थना करता था फिर

रोता था। मैं ऐसा करने के लिए मजबूर था क्योंकि मैं अपने मन की हालत को साफ़ रखना चाहता था और वो तब तक मुमकिन नहीं था जब तक मेरे ख़राब कर्मों का मैल उतर न जाए। मेरा इतना रोना शायद बता रहा था कि मैं अपने अंदर की मैल को जल्दी धोना चाहता था। मेरी रोज़ की प्रार्थनाएं चलती रहीं। लेकिन मेरे चार पाप मुझे विचलित करते रहते थे और कई बार मैं बेचैन हो जाता था। एक दफ़ा चाँदनी रात थी, आधी रात थी। मैं ईश्वर से प्रार्थना कर रहा था और फूट-फूट कर रो रहा था। वहां एक बूढ़ा साधु सफेद दाढ़ी वाला मेरे सामने प्रकट हो गया, उसके हाथ में तानपूरा था। उसने बड़े प्रेम से मुझे पूछा, "बच्चा, क्यों रोता है।" मैंने कहा, "मैंने चार बड़े पाप किए हैं। मैंने हिंदू शास्त्रों में पढ़ा है कि ईश्वर इंसानी रूप में इस संसार में जन्म लेता है। मैं राम से मिलना चाहता हूं ताकि मेरे पाप माफ़ हो जाएँ।" उस बूढ़े दयालु साधु ने मुझे यह कहकर तसल्ली दी, "वो ईश्वर पहले ही तुम्हारे लिए इंसानी रूप में धरती पर आया हुआ है। तुम इसी जन्म में उससे मिलोगे और तुम्हारा काम बन जाएगा।" इतना कहने के बाद वो साधु ग़ायब हो गया। इस घटना के बाद मेरी उस मालिक से मिलने की बेचैनी बढ़ गई।

6

इस बीच मुझे रेलवे के महकमे में नौकरी मिल गई और बगनवाला वाला रेलवे स्टेशन पर बतौर असिस्टेंट स्टेशन मास्टर के तैनाती हो गई। लेकिन मालिक से मिलने की मेरी कुरेद कम नहीं हुई बल्कि हद दर्जे तक बढ़ गई। एक बार मैं मालिक को देखने के लिए लगातार 24 घंटे रोया। डॉक्टर को बुलाया गया और उसने मुझे दवा दी। सुबह करीब 5:00 बजे मेरे अंतर महर्षि शिवब्रत लाल जी महाराज का रूप प्रकट हुआ। उन्होंने पास के कुंए से पानी निकाला, मुझे नहलाया और फिर अपना लाहौर का पता बताया। इसी दृश्य में मेरे पिताजी भी प्रकट हुए और उन्होंने मेरे बारे में दाता दयाल से बहुत-सी शिकायतें कीं। इस बीच एक क्लास IV कर्मचारी आया और उसने मुझे जगा दिया और वो दृश्य अचानक ग़ायब हो गया।

7

इस दृष्य से मुझे यकीन हो गया कि मेरा मालिक ख़ुद अवतार लेकर महर्षि शिवब्रत लाल जी के रूप में मेरे लिए आया हुआ है इसलिए मैंने हर हफ़्ते उस पते पर एक चिट्ठी लिखनी शुरू की जो उस दृश्य में दाता दयाल जी ने मुझे बताया था। चिट्ठी में मैं महर्षि जी को मालिक (गॉड) कहकर संबोधित किया करता था। मैंने लग़ातार 10 महीने तक दाता दयाल जी को ख़त लिखे। पूरे 10 महीने के बाद मुझे दाता दयाल जी महाराज का एक ख़त मिला जिसमें उन्होंने लिखा था, "फ़क़ीर, तुम्हारे ख़त मुझे लगातार मिलते रहे हैं, मैं मालिक के प्रति तुम्हारी भावनाओं की क़द्र करता हूं। मुझे ख़ुद असलियत, सच्चाई और शांति राधास्वामी मत के राय साहब शालिग्राम जी के चरणों में मिली है। अगर तुम्हें इस मार्ग से कोई परहेज़ ना हो तो मुझे लाहौर आकर मिलो।" मालिक को इंसानी रूप में देखने की मेरी इच्छा हद दर्जा बढ़ गई। मेरी ख़ुशी का ठिकाना नहीं था क्योंकि मुझे विश्वास हो चुका था कि मैं मालिक को इंसानी रूप में देखूँगा। कुछ वक़्त पहले मैंने छुट्टी के लिए अर्ज़ी भी दे दी हुई थी। मालिक की मर्ज़ी थी कि उसी दिन एक स्टेशन मास्टर बगनवाला यह ख़बर लेकर आया कि मेरी छुट्टी मंजूर हो गई थी और वो मुझे रिलीव करने के लिए आया था। कैसा संयोग था! मैंने उसको चार्ज दिया और उसी दिन लाहौर चला गया।

8

मैं हज़ूर दाता दयाल जी के आश्रम पहुंचा और उनके चरणों में प्रणाम किया। उन्होंने बहुत प्रेम भाव से मेरा स्वागत किया और राधास्वामी मत में दाख़िल किया। उन्होंने मुझे एक पुस्तक दी और कहा कि पहले इसे पढ़ो। यह स्वामी जी महाराज की लिखी पोथी 'सार-बचन' थी जिन्होंने राधास्वामी मत चलाया था। मैंने हज़ूर दाता दयाल जी की हाज़िरी में ही उस किताब के कुछ सफ़े पढ़े। लेकिन मैं इसे ज्यादा नहीं पढ़ पाया न बर्दाश्त कर पाया क्योंकि स्वामी जी ने इसमें वेदांत, सूफ़ीमत, इस्लाम, जैन और बौधधर्म सभी का पूरी तरह खंडन किया हुआ था। उन्होंने इन सब को काल और माया में बताया हुआ था। मैं इसे बर्दाश्त नहीं कर सका। इससे मुझे ठेस पहुंची और मेरी आंखों से आंसू निकलने लगे। दाता दयाल जी ने मुझे देखा और

पूछा कि क्या वजह है कि रोते हो? मैंने रोते हुए कहा कि महाराज जब ईश्वर एक है तो सभी धर्मों को अधूरा क्यों बताया गया है। यह तो धर्म और मेरे पुरखों पर सीधा हमला है। दाता दयाल जी ने बहुत प्रेम से मुझे कहा, "इस किताब को छोड़ दो और जब तक मैं ना कहूँ इसे मत पढ़ना।" दाता दयाल जी ने दो अन्य किताबें मुझे दीं, एक उनके गुरु राय साहिब सालिग्राम जी महाराज की लाइफ हिस्ट्री पर थी और दूसरी कबीर साहब की लिखी 'कबीर साखी' थी। उन्होंने मुझे कहा कि राधास्वामी मत का सत्संग जहां भी मिले वहां चले जाया करो। दाता दयाल ने अंतर में अभ्यास करने की हिदायत की जो मेरी जिंदगी का हिस्सा बन गया। चूँकि तब मैं अभ्यास के दौरान प्रकाश और शब्द की ऊँची अवस्थाओं में नहीं जा सकता था इसलिए मैं पावन विभूति हज़ूर दाता दयाल जी महाराज की मूर्ति का ही ध्यान करता था।

9

जब मैं लाहौर से वापस आता था तो मल्कवाल स्टेशन पर रुकता था। वहाँ एक बुक स्टाल एजेंट था जो राधास्वामी मत के मानने वालों को राधास्वामी मत पर प्रवचन दिया करता था। एक बार उस एजेंट ने अपना हुक्का मेरे साथ साझा करने से मना कर दिया। मैंने पूछा कि हम दोनों जाति के ब्राह्मण हैं तो तुमने मेरे साथ हुक्का साझा करने से मना क्यों किया? उसने जवाब दिया कि केवल बाबू कान्ता परशाद (सरकार साहेब) ही राधास्वामी दयाल के सच्चे अवतार हैं। (उस समय बाबू कान्ता परशाद राधास्वामी सत्संग, ग़ाजीपुर डिस्ट्रिक्ट, यूपी के इंचार्ज थे)। उसके कहने का मतलब था कि मुझे सच्चे गुरु ने नाम दान नहीं दिया था इसलिए मैं सच्चा सत्संगी नहीं था। मैंने विनम्रता से कहा, "भाई ईश्वर एक है, वो सब का है और सब उसके हैं। वो अपने भक्तों के लिए अलग-अलग समय, अलग-अलग जगह पर किसी भी रूप में आ सकता है। लेकिन अगर तुम मुझ से सहमत नहीं हो तो मैं एक चिट्ठी लिख कर देता हूं। तुम यह चिट्ठी अपने गुरु को भेज दो। वो जो भी जवाब देंगे वो आखिरी फैसला होगा और मैं उसे मान लूँगा। उस मालिके कुल के प्यार और भक्ति में आँसू बहाते हुए मैंने वहीं के वहीं चिट्ठी लिखी और उस सज्जन को उसके गुरु को भेजने के लिए दे दी। 15 दिन के बाद

मुझे बताया गया कि बाबू कान्ता परशाद चोला छोड़ गए हैं और हमें उनके उत्तराधिकारी के चुने जाने तक जवाब का इंतजार करना होगा। इस घटना के बाद मैं इस नतीजे पर पहुंचा कि राधास्वामी मत [ग़ाज़ीपुर] के मानने वाले भी निष्पक्ष और असली हक़ीक़त के चाहने वाले नहीं है। सर्वप्रिय सच्चाई के लिए उनका नज़रिया बहुत तंगदिली वाला और पांथिक था। इसलिए मैंने उनकी संगत छोड़ दी और अंधविश्वासियों को दूर ही रखा। अगर कोई मुझे 'राधास्वामी' कहता भी तो मैं उसे 'राम-राम' कहता।

10

1916 ईस्वी में पहले विश्वयुद्ध के दौरान मैंने ज्यादा कमाई के लिए और परिवार की गरीबी दूर करने की ग़र्ज़ से लड़ाई में जाने के लिए अपनी अर्ज़ी दे दी। और मैदाने जंग में तैनाती की जगह पर जाने से पहले मैं हज़ूर दाता दयाल जी महाराज का आशीर्वाद लेने गया। उन्होंने मुझे 'सार-बचन' पुस्तक दी जो उन्होंने मुझे पहली मुलाकात के दौरान दी थी और कहा 'इसे अब पढ़ना और सुमिरन और भजन में अधिक वक्त लगाना।' उसके बाद मैं बग़दाद चला गया जहाँ मेरी तैनाती होनी थी। बग़दाद में मुक़ाम के दौरान मैंने पूरे दिल से ख़ुद को साधन-अभ्यास में लगा दिया। जितना मुमकिन होता उतना वक्त आंतरिक अभ्यास में लगाता और ब्रह्मचर्य का पूरा पालन करता। सच्चाई जानने की मेरी सच्ची कोशिशों का नतीजा यह हुआ कि मैंने अंदरूनी अभ्यास के सारे दर्जे पार कर लिए और सभी दर्जों के प्रकाश और शब्द का तजुर्बा हो गया। अंतर में अभ्यास करने का नतीजा यह निकला कि मैं खुशी और आनंद से भर गया, हालाँकि, इस सबसे मेरी तुष्टि नहीं हुई थी क्योंकि मैं तो उस सच्चाई को जानना चाहता था जिसके आधार पर स्वामी जी महाराज ने सभी धर्मों का खंडन किया था।

11

सन 1918 के अंत में मुझे सालाना छुट्टी मिली और मैं हिंदुस्तान आया। मैं दाता दयाल जी के चरणों में ज्यादा से ज्यादा वक्त ग़ुज़ारने के लिए लाहौर चला गया। वहां मैं कभी ख़त्म न होने वाले अपने सवालों से उन्हें बहुत तंग किया करता था। एक दिन मैंने उनके चरणों में अपने दिल का

दुखड़ा कहा, “ऐ मालिक! मैंने अपने अंतर में बहुत से प्रकाश देखे हैं और बेहिसाब शब्द सुने हैं जिनका बयान नहीं हो सकता। बेशक इन अनुभवों से मुझे बहुत आनंद मिला है लेकिन मेरी ख़ुद को जानने की कुरेद बाकी है और राधास्वामी मत के ऊँचे उद्देश्य को जानना चाहता हूँ। राधास्वामी मत का उद्देश्य दूसरे धर्मों से कैसे और क्यों अलग है। राधास्वामी मत की महत्ता का ख़ुद अनुभव करना चाहता हूँ।” दाता दयाल जी ने आश्वासन दिया कि वो अगले दिन मेरे सवालों का जवाब देंगे। मेरी उत्सुकता बढ़ गई और मैं अगले दिन का बेताबी से इंतजार करता रहा। वो 25 दिसंबर 1918 का दिन था। हज़ूर दाता दयाल जी ने मुझे अपने कमरे में बुलाया। मैं उस पल का इंतजार कर रहा था। मैं अंदर गया और अचानक हज़ूर दाता दयाल जी ने आदर और स्नेह भरे एक अजीब भाव के साथ मेरे हाथ में एक नारियल और पांच पैसे रख दिए और मेरे माथे पर लंबा तिलक लगाया और मुझे माथा टेक दिया और कहा, “फ़कीर तुम ख़ुद अपने समय के सबसे बड़े गुरु हो। जो अधिकारी हैं उन्हें सत्संग कराया करो और उन्हें संतमत की शिक्षा दिया करो। वक्त आने पर तुम्हें सच्चा सतगुरु अपने सत्संगियों के रूप में मिलेगा। और उनके साथ हुए तुम्हारे अनुभवों से तुम्हें संतमत का सच्चा भेद मिलेगा।” उनकी यह बात सुनकर मैं खुश भी हुआ और दुखी भी। दाता दयाल जी मेरे इन भावों को देख रहे थे और उन्होंने इसका कारण पूछा। मैंने विनम्रता से कहा, “दाता, मैं तो खुद सच्चाई नहीं जानता मैं दूसरों को इस सूक्ष्म मार्ग पर कैसे ले जाऊंगा इससे मुझे दुख हुआ है। और जब यह ख़्याल आया कि मैं डिग्री होल्डर हो गया हूं और सत्संग कराया करूंगा और लोगों को नामदान दिया करूंगा तो मैंने महसूस किया कि मैं कुछ बन गया हूं, इसलिए मुझे खुशी हुई। तब दाता दयाल ने कहा, “फ़कीर तुम में 99 ऐब हो सकते हैं लेकिन तुम आदमी सच्चे हो जिससे तुम अपनी जिंदगी का लक्ष्य पा जाओगे। इससे ना सिर्फ़ तुम्हारा बेड़ा पार होगा, हो सकता है तुम दूसरों को भी तार ले जाओ”। मैंने अपनी सारी छुट्टी दाता दयाल के चरणों में गुज़ार दी और ड्यूटी पर फिर बग़दाद चला गया।

मैं बग़दाद में भक्ति भाव से भजन गाया करता था। मेरा सारा वजूद (स्थूल और सूक्ष्म) अंतिम सच्चाई जानने के लिए हद दर्जे तक तीव्र इच्छा से भरा हुआ था। दिल में हज़ूर दाता दयाल जी के लिए अनंत प्रेम भरा हुआ था जो मेरे लिए राम का अवतार थे। इस भक्ति ने मेरे व्यक्तित्व को बदल दिया और बग़दाद में दूसरे आध्यात्मिक जिज्ञासुओं के लिए मैं आकर्षण का केंद्र बन गया। लोग मुझे महात्मा कहते थे और कुछ ने मुझे अपना रूहानी गुरु बना लिया।

13

सन् 1919 में मुझे इराक में तैनात किया गया। वहाँ के कबायलियों ने (जिन्हें बद्दूज़ कहा जाता था) विद्रोह कर दिया जिससे जंग और तेज़ हो गई। मैं रेलवे के टेलिग्राफी महकमे में इंस्पेक्टर था और हमारा हेड क्वार्टर दिवनिया में था। विद्रोहियों ने हमीदिया रेलवे स्टेशन पर बड़ा हमला बोला, सारे मुलाज़िमों को मार दिया और इमारत को आग लगा दी। मेरे रेलवे स्टेशन की फौज को हमीदिया भेजा गया। मुझे भी बतौर स्टेशन मास्टर हमीदिया रेलवे स्टेशन का चार्ज लेने का हुक्म हुआ। हमारे सिपाहियों (हिंदुस्तानी फ़ौज) ने खाइयों (trenches) में तारें बिछा दीं और अपनी-अपनी पोज़ीशन ले ली। तेज़ जंग चलती रही और दोनों तरफ़ बहुत से लोग मारे गए। हमीदिया में हमारे इलाके में 35 फौजियों का दल था और एक सूबेदार मेजर था। हमले की हालत में लड़ने के लिए बाकी फौज को दिवनिया भेज दिया गया। रात होते ही विद्रोहियों ने हम पर हमला कर दिया। गिनती में कम होते हुए भी हमारे फौजियों ने मुकाबला किया। क्योंकि हमला उनकी ओर से हुआ था और हम बचाव (defence) की पोज़ीशन में थे, हमारा एक सिपाही ज़ख़्मी हुआ जबकि दूसरी तरफ़ बहुत लोग हताहत हुए। जब कुछ देर के लिए फ़ायरिंग बंद हुई तो सूबेदार मेजर मेरे पास आया और मुझे कहा कि दिवनिया हेडक्वार्टर में संदेश दे दो कि हमारे पास गोला-बारूद कम है। और अगर ऐसा हमला फिर हुआ तो वो गोला-बारूद एक घंटे से ज़्यादा नहीं चलेगा। अगर सुबह तक गोला-बारूद न पहुँचा तो हम में से कोई नहीं बचेगा। मैंने वो संदेश हेडक्वार्टर को भेज दिया। हालात बहुत ख़राब थे और सब को

महसूस हो रहा था कि अंत बहुत करीब आ चुका है। मौत के ख़ौफ़ से मैं भी घबराया हुआ था। ख़ौफ़ के उन लम्हों में हज़ूर दाता दयाल जी का रूप मेरे सामने प्रकट हुआ और कहा, "फ़कीर फ़िक्र न करो, दुश्मन आएगा लेकिन हमला करने नहीं, अपने लोगों की लाशें लेने के लिए आएगा। उन्हें अपने फौजियों की लाशें ले जाने दो। जब तक दुश्मन तुम्हारी खाइयों के बहुत नज़दीक न आ जाए अपना गोला-बारूद बर्बाद मत करना।" मैंने सूबेदार मेजर को बुला भेजा और उसे अपने गुरु का रूप प्रकट होने और दुश्मन के बारे में उनकी दी हुई हिदायतों के बारे में बताया। सूबेदार मेजर ने हज़ूर दाता दयाल जी की हिदायतों को माना। दुश्मन के फ़ौजी आए और बिना हम पर हमला किए अपनी लाशें उठा कर ले गए। सुबह 6 बजे हमारे जहाज़ आए और ज़रूरी असला एयर ड्राप कर गए। हमारा डर दूर हुआ। हम में हिम्मत आ गई। हम सभी सुरक्षित थे।

14

इसके तीन महीने बाद लड़ाई ख़त्म हुई और हमारे जवान बैरकों में लौट आए। मैं बग़दाद लौट आया। वहाँ बग़दाद में बहुत-से सत्संगी थे। जब उन्होंने मेरे आने के बारे में सुना तो वे सब मिल कर मेरे पास आए। उन्होंने मुझे ऊँची जगह पर बिठाया, फूल चढ़ाए और मेरी आरती उतारी। मैं इसकी उम्मीद नहीं कर रहा था और हैरान था। मैंने उनसे कहा, "हमारे गुरु महाराज जी लाहौर में हैं। मैं आपका गुरु नहीं हूँ। आप मेरी आरती क्यों उतारते हो?" सभी ने यही कहा, "लड़ाई में हम मुसीबत में थे। मौत सिर पर थी। तब उन ख़तरे के हालात में आप हमारे सामने प्रकट हुए, बचने के लिए हिदायतें दीं। हमने आपकी बात मानी और बच गए।" मैं उनकी बातें सुन कर हैरान था। मुझे उन पर आई मुसीबत की कोई जानकारी नहीं थी। लड़ाई के उन दिनों में मैं ख़ुद मुसीबत में था और उन लोगों को कभी याद भी नहीं किया। इस घटना से मैं ख़ुद से यह सवाल पूछने पर मजबूर हुआ कि उनके अंतर में कौन प्रकट हुआ? क्या वो फ़कीर चंद था? इससे मेरा यक़ीन मज़बूत हो गया कि - 'जो भी कोई, जिस रूप में उस मालिक को याद करता है उसी रूप में वो ईश्वर अपने भक्त की मदद करता है।' इससे आध्यात्मिक गुरु के बारे में मेरे

ख्यालात बदल गए। उसके बाद से मुझे यक़ीन हो गया कि गुरु कोई अलग हस्ती नहीं है। वो शिष्य का अपना ही आपा है और उसी में रहता है। मैं इस नतीजे से खुश था। सन 1921 में मैं सालाना छुट्टी पर हिंदुस्तान आया।

15

हमेशा की तरह प्रेम और भक्तिभाव से भरा हुआ मैं अपने इंसानी रूप में आए हुए रूहानी रहनुमा की आरती उतारने के लिए राधास्वामी धाम पहुँचा। उनके चरणों में सिंहासन, ज़रीदार कपड़ों का जोड़ा, चाँदी का हुक्का और चाँदी के बर्तन (जिनकी कीमत हज़ारों रुपए थी) भेंट किए। अहसान और मस्ती के जज़्बे के साथ उनकी आरती उतारी। मैं उनके पास 45 दिन तक रहा। इन दिनों दाता दयाल ने मेरी अज्ञानता दूर करने के लिए कई शब्द लिखे जिन्हें मैं उन दिनों समझ नहीं सका। लेकिन आज समझता हूँ और महसूस करता हूँ कि मैं कितना बड़ा अज्ञानी था।

तू फ़कीर बन, तू फ़कीर बन, तू फ़कीर बन भाई
मैं भी तरूँ फ़कीर चरन लग, ऐ फ़कीर सुखदाई
मैं नहीं राम, कृष्ण का सेवक, ईश ब्रह्म नहीं जानूँ,
मैं फ़कीर का नाम दिवाना सबसे बढ़ कर मानूँ

मुझे निराशा के ख़्यालों से उबारने के लिए उस ज़ात-पाक़ ने यह सब लिखा क्योंकि मैं अपन आपको सबसे बड़ा पापी समझता था। एक अन्य शब्द में उन्होंने मेरे नाम तीन ड्यूटियाँ लगाईं :-

तू तो आया नर देही में धर फ़कीर का भेसा,
दुखी जीव को अंग लगा कर ले जा गुरु के देसा,
तीन ताप से जीव दुखी हैं निबल, अबल, अज्ञानी,
तेरा काम दया का भाई, नाम दान दे दानी।

संक्षेप में, दाता दयाल ने मुझे करने के लिए तीन काम दिए थे। तब से यह मेरे जीवन का उद्देश्य (मिशन) है। जैसा मैंने समझा है वो तीन ड्टूटियाँ हैं - 1. तुम्हारा नाम फ़कीर है, अपने नाम के प्रति सच्चे बनो। दूसरों के ऐब मत देखो। बल्कि निःसहाय, अज्ञानी और कमज़ोरों के लिए दया भाव रखो। अपने प्रेम प्यार से उनकी मदद करो ताकि वे काल और माया के चक्र से

निकल जाएँ और अपने असली घर चले जाएँ। 2. तुम ऐसे रूप में आए हो जो अद्भुत और अचरज है। तुम्हारा मिशन "मानवता का कल्याण" है। इंसानियत को बाँटने वाली दीवारों को दूर करो, सारी मानव जाति को बताओ कि वो खुशी से और अमन से कैसे जी सकती है। 3. अधिकारी लोगों को जन्म-मरण के चक्र से निकालना और निर्वाण की अवस्था तक ले जाना।

16

सन 1922 में मैं बग़दाद वापस चला गया। 17 साल (1922-1939) तक कोई रूहानी सत्संग नहीं कराया। अगर कोई अधिकारी आदमी आता तो उसे नामदान न दे कर दाता दयाल जी के रूप का ध्यान करने के लिए कह देता। मैंने सत्संग कराना बंद कर दिया, क्यों? यह सोच कर कि अगर मुझे रूहानी सत्संग कराना है, अपने आप के प्रति सच्चा रहना है और दाता दयाल जी की उम्मीदों पर खरा उतरना है तो मुझे सच (कम से कम उतना जितना मैं जानता था) कहना पड़ेगा। शारीरिक, मानसिक और आध्यात्मिक कठिनाई के वक़्त गुरु के रूप प्रकट होने का रहस्य दाता दयाल के शिष्यों को बताना पड़ेगा। और यदि मैं ऐसा करता हूँ तो हज़ूर दाता दयाल जी महाराज के लिए लोगों के दिल में जो प्रेम, भक्ति और विश्वास (अंधविश्वास) है वो कम हो जाएगा। दाता के आश्रम में चढ़ने वाला पैसा और दूसरा चढ़ावा, मुफ़्त और वालंटरी सेवा बहुत कम हो जाएगी। मैंने जानबूझ कर सही वक़्त आने का इंतज़ार किया ताकि राधास्वामी धाम (दाता दयाल के रूहानी सेंटर) का मेरी वजह से कोई नुकसान न हो। मैंने सही वक्त आने का इंतज़ार किया। सन 1919 से ही मेरे अंतर प्रबल इच्छा थी कि भेद खोल दूँ और दुनिया जान जाए कि क्यों अंतर और बाहर में तमाम रूप प्रकट होते हैं।

17

दाता दयाल के चोला छोड़ने से पहले सन 1938 में मैंने एक तार उन्हें भेजा था जिसमें कहा था, "मैं तहे दिल से आप से वादा करता हूँ कि मैं अपनी जानकारी और योग्यता के मुताबिक दुनिया में सच्चाई फैलाऊँगा।" दाता दयाल जी का चोला छूट गया।

जितना हो सकता था मैंने अपना सारा वक्त सुमिरन और ध्यान में लगाया। उसके बाद मैंने दो किताबें लिखीं, दोनों टीका थीं। पहली जो स्वामी जी महाराज की लिखी "सार-बचन" के एक अध्याय 'हिदायतनामा' पर थी और दूसरी "बारा-मासा" पर थी। बाद वाली का अभी हाल ही में 'Yogic Philosophy of the Saints" के नाम से अंग्रेजी में अनुवाद हुआ है। उनके प्रकाशन के बाद मैंने दोनों किताबों की दो-दो कापियाँ ब्यास के हज़ूर बाबा सावन सिंह जी को भेट कीं। हज़ूर बाबा जी ने मुझे लिखा, "मैने दोनों किताबें पढ़ी हैं। तुम एक सच्चे फ़कीर हो। तुम राधास्वामी मत की बहुत सेवा कर रहे हो जो मैं और अन्य डेरों के गुरु नहीं कर सके।" लेकिन अभी भी मैं फैसला नहीं कर सका कि मुझे क्या करना चाहिए। क्योंकि मेरे दिल में एक छिपा हुआ डर था कि अगर मैंने साफ़ लफ़्ज़ों में सच्चाई बयान कर दी तो जो तंग सोच वाले, कट्टर और अनपढ़ सत्संगी हैं वो मेरे खिलाफ़ हो जाएँगे। इसलिए मैं सन 1942 में छुट्टी लेकर ब्यास में हज़ूर बाबा सावन सिंह जी के पास चला गया ताकि मैं अलग से उन्हें अपना डर और मुश्किलें बता सकूँ। मैं हज़ूर बाबा सावन सिंह जी की बहुत इज़्ज़त करता था और उन्हें हज़ूर दादा दयाल जी महाराज का ही रूप मानता था। मैंने बहुत सत्कार से बाबा जी से प्रार्थना की, "ऐ ज़ात-पाक़, मेहरबानी करके मुझे मेरे गुरु महाराज की दी हुई ड्यूटी से मुक्त कीजिए। मैं विनती करता हूँ कि मेरी आत्मा पर पड़े बोझ को दूर कर दीजिए ताकि मैं अपने गुरु के प्रति नाफ़र्मानी करने के पाप से बच जाऊँ।" हज़ूर महाराज ने बड़े प्यार से मेरी पीठ पर हाथ रखा और कहा, "फ़कीर मैं दो कारणों से पूरी सच्चाई नहीं बता सका, (1) आमतौर पर सत्संगी उसके अधिकारी नहीं हैं (2) मैं डेरे की मजबूरियों से बँधा हूँ।" उन्होंने कहा, "तुम अपनी दी गई ड्यूटी निर्भय हो कर करो। मैं हमेशा तुम्हारे साथ खड़ा रहूँगा (पुश्त-पनाह रहूँगा)।" तब से मैं अपने अनुभवों और जानकारी पर सत्संग कराने और पुस्तकें लिखने का काम कर रहा हूँ।

18

सन 1942 तक मैंने तकरीबन 22 सत्संगियों को संतमत मार्ग की दीक्षा दी थी। उसके बाद मैंने किसी को परंपरागत तरीके से नामदान नहीं

दिया। क्यों? जब्बल से एक महिला अपने पति और तीन बच्चों के साथ फिरोज़पुर में मुझे मिलने आई जहाँ मैं इंडियन रेलवे में बतौर यूडीसी काम करता था। वो बहुत भक्त थी और त्रिकुटी में अभ्यास करती थी जहाँ वो मेरे रूप को लाल रोशनी में देखती थी। इस वजह से वो मस्ती की हालत में रहती थी। उसने मुझे कहा, "मैं अभ्यास में और ज़्यादा वक्त लगाना चाहती हूँ लेकिन बच्चे मेरा बहुत-सा वक्त ले जाते हैं और मैं बहुत परेशान होती हूँ।" मैंने उससे पूछा कि उसकी मदद करने वाला घर में कोई और है? तो उसने कहा कि नहीं। उसका पति टेलिग्राफ इंस्पैक्टर था। सुबह 9 बजे घर से चला जाता था और शाम को 8 बजे घर आता था इसलिए घर की ज़िम्मेदारी उठाना उसके लिए नामुमकिन था। त्रिकुटी में लगातार ध्यान इकट्ठा करने से उस महिला की इच्छा शक्ति बहुत बढ़ गई थी। इसलिए उसकी इच्छा पूरी होनी ही थी। यही कुदरत का नियम है। इसलिए एक ही रास्ता था कि कुदरतन उसे बच्चों से मुक्ति मिले। जाने से पहले उसने मुझे माथा टेका और मैंने कहा, "तुम्हारी इच्छा पूरी होगी।" जब वो चली गई तो मेरे दोस्त पंडित वली राम, जो मेरे साथ बैठे थे, उनको मैंने कहा कि इस औरत के तीनों बच्चे मर जाएँगे। मेरा ख्याल ठीक निकला। नौ महीनों के अंदर वो तीनों बच्चे मर गए। मुझे ताज्जुब हुआ और मैंने नाम देना बंद कर दिया सिवाय उनके जिनके मन साफ़ थे और जिनमें आत्मशुद्धि की प्रबल इच्छा थी।

एक दफ़ा मैं आगरा गया और मुझे प्रेम-बाणी नामक किताब मिली जो हज़ूर राय साहिब सालिग्राम जी महाराज की लिखी हुई थी। उस पुस्तक में लिखा हुआ है कि 'जिन लोगों के मन में घृणा, पक्षपात और स्वार्थ है अगर वे अंतर में अभ्यास करेंगे तो उन्हें ख़ुद को और दूसरों को केवल तकलीफ़ ही होगी। लेकिन जिनमें कमियां और दोष हैं और वे अपनी कमियां और दोष दूर भी करना चाहते हैं उन्हें सुमिरन, ध्यान और भजन से ज़रूर फ़ायदा होगा।' इसकी वजह यह है कि हर रोज़ सुमिरन का अभ्यास करने से अभ्यासी मज़बूत हो जाता है और अपनी कमियां और दोष दूर करने के काबिल हो जाता है। इसलिए जो लोग संतमत में आना चाहते हैं और अध्यात्म की ऊंची सीढ़ियां चढ़ना चाहते हैं उन्हें मेरी यही सलाह है कि, "पहले ईमानदारी से

कोशिश करो कि 'इंसान' शब्द के असली अर्थ में इंसान बनो क्योंकि किसी भी रूहानी तरक्की के लिए मन का निर्मल होना पहली शर्त है।" इसी लिए मैंने होशियारपुर में अपने केंद्र का नाम "मानवता मंदिर" रखा है। हम तभी आध्यात्मिक हो सकते हैं अगर हम पहले सच्चे इंसान हों।

19

बग़दाद में 12 साल रहने के बाद मैं हिंदुस्तान आया और सीधे ज़ात-पाक़ हज़ूर दाता दयाल जी के दर्शन के लिए चला गया। बग़दाद में रहते हुए मैंने अंतर में संतमत की बहुत सी मंज़िलें तय कर ली थीं और मैं बहुत खुशी और मस्ती में रहता था, अंतर और बाहर शांति थी। जब मैं दाता दयाल के यहाँ गया तो उन्होंने मुझे यह आदेश दे दिया, "फ़कीर, क्योंकि तुम्हारे यहाँ कोई बेटा नहीं है, घर जाओ और संतान पैदा करो।" मैंने उनकी आज्ञा का पालन किया और परिवार के पास चला गया। घर में रहते हुए मैंने अभ्यास करना जारी रखा और अपनी पत्नी के साथ शादीशुदा ज़िंदगी का आनंद भी लिया। मैं दाता दयाल जी की सलाह के असली भाव को भूल गया। पत्नी के पास केवल संतान पैदा करने की इच्छा के साथ जाने की बजाय मैंने मज़े के लिए काम का आनंद लेना शुरू कर दिया। ज़्यादा काम भोगने से मेरी मन की शांति और आनंद की कमाई बर्बाद हो गई। मेरा हाज़मा ख़राब हो गया और मैंने शारीरिक और मानसिक कष्ट उठाया। नतीजा यह हुआ कि दोबारा ताकत हासिल करने के लिए ज़िंदगी में 35 साल तक अन्न, दालें, आलू और चावल छोड़ने पड़े।

20

एक बार हज़ूर दाता दयाल जी ने दो आदमियों को मेरे पास भेजा। वे रूहानियत को समझना चाहते थे। अगर जीवन सुखी नहीं है और मन शांत नहीं है तो रूहानियत का क्या मतलब? उस समय मैं खुद अशांत था इसलिए मैंने उन्हें अपनी मजबूरी जताई और उन्हें जाने के लिए कह दिया। उन्होंने सारी बात चिट्ठी में दाता दयाल जी को लिख भेजी। दाता दयाल जी ने उन्हें जवाब दिया, "जिसे फ़कीर से कुछ नहीं मिला उसे मुझ से भी कुछ नहीं मिल सकता।" दाता दयाल जी से यह जबाव पाकर वे फिर मेरे पास आए और

वो ख़त मुझे दिया। मैंने वो ख़त पढ़ा और मेरे दिमाग़ ने गुरुइज़्म के ख़िलाफ़ बग़ावत कर दी। लेकिन बचने का और कोई रास्ता नहीं था। मेरी आखों से आँसू बह रहे थे और मैं प्रार्थना में खो गया। उसके बाद मुझे आसपास का कोई होश नहीं रहा। प्रार्थना करते वक्त अंतर से आवाज़ आई "हवस और शांति एक साथ नहीं रह सकते"। मुझे अपने मसले और उनके मसले का जवाब मिल गया था। उसके बाद मैंने 28 साल तक खुद को कंट्रोल किया, पत्नी के साथ रहा लेकिन हमने कभी भोग नहीं किया। वक्त पा कर खोई हुई मस्ती और शांति मुझे फिर से मिल गई।

21

मनुष्य का वीर्य ही स्थूल और दृष्य रूप में ईश्वर है। इंसान का मन ईश्वर का सूक्ष्म रूप है और इंसानी देह में सुरत ही कारण रूप ईश्वर है। जो इन तीनों अवस्थाओं में अपने जीवन को बैलेंस में और कंट्रोल में रखने की कला नहीं जानते उन्हें शांति प्राप्त नहीं हो सकती। जो लोग रूहानियत के मुतलाशी हैं उनके लिए यह ज़रूरी है कि वो अपनी इच्छाओं पर कंट्रोल रखें और वीर्य की रक्षा करें। बहुत से जवान लड़के और लड़कियां मेरे पास आशीर्वाद के लिए आते हैं। क्यों? उन्हें ब्रह्मचर्य की अहमियत का पता नहीं है। मैच्योरिटी से पहले ही वे अपनी ज़रूरी ताकत को बर्बाद कर बैठते हैं और मानसिक और शारीरिक रोगों के शिकार हो जाते हैं। तब कोई महात्मा, कोई गुरु, यहाँ तक कि ईश्वर भी ऐसे लोगों को मन की शांति नहीं दे सकता जिन्होंने कामवासना पर नियंत्रण रखना नहीं सीखा। इंसान को अपने वीर्य का इस्तेमाल बच्चे पैदा करने, इंसानी नस्ल को चलाए रखने के लिए करना चाहिए न कि काम का आनंद भोगने के लिए। औरतें पुरुषों की साथी हैं लेकिन उन्हें विषय भोग का ज़रिया मान लिया जाता है। सभी जवान लड़के-लड़कियों को मेरी सलाह है कि वे अपना जीवन ब्रह्मचर्य का पालन करते हुए गुजारें। यह सबक है जो मैंने अपनी सारी जिंदगी से सीखा है और यह मेरी जिंदगी की बुनियाद बना है।

22

मैंने बहुत कठिन और ईमानदार ज़िंदगी गुज़ारी है। उन दिनों तनख़्वाह बहुत कम थी और उससे घर का ग़ुज़ारा बहुत मुश्किल से चलता था। फिर भी मैंने घर की आमदनी बढ़ाने के लिए ग़लत तरीकों का इस्तेमाल नहीं किया। दफ़्तर का टाइम ख़त्म होने के बाद मैं मियानी रेलवे स्टेशन के नज़दीक एक ईंटों के भट्टे पर काम करता था। उस ईंटों के भट्टे का मालिक श्री रामजी मल था। भट्टे से ईंटें निकालने के लिए वह चार आने दिया करता था। ड्यूटी खत्म होने के बाद फिर मैं स्टेशन पर कुली का काम किया करता था। एक आइटम को प्लेटफॉर्म के बाहर से रेलवे कंपार्टमेंट में लाने और रेलवे कंपार्टमेंट से प्लेटफार्म के बाहरी गेट तक ले जाने के लिए मैं एक आना लिया करता था। ऐसे काम करके मुझमें कभी भी हीनता की भावना नहीं आई बल्कि मेरी मेहनत और इमानदारी की कमाई ने मुझे अंदरूनी ताकत और नैतिक हौसला दिया।

23

सारी ज़िंदगी मैंने आमदनी बढ़ाने के लिए कोई ग़लत तरीक़ा इस्तेमाल नहीं किया। किसी भी तरह की रिश्वत तो क्या (जबकि उसके मौक़े बहुत थे) मैंने सरकारी स्टेशनरी का इस्तेमाल तक अपने ज़ाती इस्तेमाल के लिए नहीं किया। मेरे पिता इंडियन रेलवे में सिपाही थे और जब मेरी उम्र हो गई तो मैंने उनके यहाँ खाना बंद कर दिया। एक दफ़ा मेरे पिता, जब वे ददन कलां रेलवे स्टेशन पर तैनात थे, बीमार हो गए। तब झेलम दरिया पार करके मैं उनको देखने गया। पिता जी ने मुझे अपने साथ खाना खाने के लिए कहा। मैंने बहाना बनाया कि मुझे भूख नहीं है। उनके साथ कुछ वक्त बिता कर मैं निकला और बाज़ार पहुँचा। वहाँ एक होटल में खाना खाया। इस दौरान मेरा एक पुराना क्लासफ़ैलो वहाँ आया और उसने मुझे वहाँ खाते हुए देख लिया। वो मेरे पिता के यहां गया और अनजाने में कह दिया कि उसने मुझे होटल में खाना खाते देखा था। पिता जी को बहुत ग़ुस्सा आया और अगले दिन सुबह वे मेरे पास आए और वजह पूछी कि मैंने उनके साथ खाना न खा कर होटल में क्यों खाया। मैंने उनसे कहा, "पिता जी, आप पुलिस के महकमे में हैं और

रिश्वत लेते हैं, इसलिए मैंने आपके यहाँ खाना नहीं खाया।'' दुनियावी तौर पर मेरा ऐसा करना ठीक नहीं था। शायद मुझे ऐसा नहीं करना चाहिए था। वो मेरा अहंकार ही था। लेकिन पिता जी ने फिर सारी ज़िंदगी रिश्वत नहीं ली।

24

13 साल की छोटी उम्र में मेरी शादी हो गई। पहाड़ों में दूल्हे को सजी हुई पालकी में ले जाया जाता है। शादी के वक़्त मुझे भी ले जाया गया, मैं बहुत खुश था और मैंने ईश्वर से प्रार्थना की, ''मेरी दोबारा शादी हो जाए तो मैं दोबारा पालकी में बैठूँगा''। मेरी प्रार्थना का परिणाम यह हुआ कि कुछ वक़्त के बाद मेरी पत्नी की मृत्यु हो गई। मेरी दूसरी शादी कराई गई। मुझे फिर से पालकी में बिठाया गया। तब वही पुराना नज़ारा मेरे दिमाग़ में कौंध गया। मुझे पछतावा हुआ और पालकी में बैठ कर खुश होने की बजाय मैं दुखी और उदास हुआ। जैसा ख़्याल, वैसा हाल। अच्छी हो या बुरी आपकी प्रबल इच्छा तो पूरी होनी है।

25

मैं अक़सर बच्चों के मां-बाप से कहता हूँ कि बच्चों को मारा मत करो क्योंकि भोले-भाले बच्चों को मारने का नतीजा मैं जानता हूँ। मैं पाँचवीं क्लास में पढ़ता था। मेरा एक छोटा भाई था - वज़ीर चंद। वो बहुत छोटा था और जब भी माँ खाना बनाती या घर का कोई काम करती तो मुझे छोटे भाई को उठाना पड़ता था। उसकी वजह से मुझे कई बार मार पड़ती। एक बार मैंने उसे उठाया हुआ था और उसके साथ खेल रहा था। अचानक मेरा पाँव किसी चीज़ पर पड़ा और मैं अपने भाई समेत गिर गया। वज़ीर चंद ने रोना शुरू कर दिया। माँ ने सुना तो भागी आई। उसने मुझे पाँच बार ज़ोर से मारा, जैसे कि वो मेरा क़सूर था। उसने फिर वज़ीर चंद को मेरे हाथों में पकड़ा दिया और उसे चुप कराने को कहा। मैं अपने भाई को बाहों में लिए बाहर आ गया। मुझे आज भी वो जगह याद है जहाँ खड़े होकर मैंने ईश्वर से इन लफ़्ज़ों में प्रार्थना की, ''हे ईश्वर, मुझे इस बच्चे की वजह से मार पड़ती है, या मुझे मार दे या इसे मार दे''। तीन महीने के अंदर मेरा भाई मर गया। मैं जो कहता

हूँ वो मेरी अमली (practical) ज़िंदगी के आधार पर है। मैं वो बात नहीं कहता जो मैंने ख़ुद देखी या अनुभव न की हो।

26

मैं सुनाम रेलवे स्टेशन पर बतौर स्टेशन मास्टर तैनात था। एक दिन मैं कुर्सी पर बैठे-बैठे गहरी समाधि में चला गया। कुछ देर के बाद जब मैं नीचे जिस्मानी होश में आया और आँखें खोलीं तो मेरे सामने हथकड़ी में एक डाकू खड़ा था जिसके साथ एक पुलिस वाला भी खड़ा था। वो मुझे पंखा कर रहा था। मैंने उसे पूछा कि भई तुम कौन हो तो उसने बताया कि महाराज मैं डाकू हूँ। मैंने उसे कहा कि तुम डाकू नहीं, तुम भक्त हो। बहुत मस्ती की हालत में मैंने पुलिस वाले से कहा कि यह डाकू नहीं है, तुम मेहरबानी करके इसे छोड़ दो। उस दिन बहुत गर्मी थी। नंगे पाँव, नंगे सिर मैं एसपी के दफ़्तर चल पड़ा जो बाज़ार में ही पड़ता था। श्री भगवान सिंह एसपी थे। जब उन्होंने मुझे उस हालत में देखा तो वो दफ़्तर से बाहर आ गए और पूछा कि आप इतनी गर्मी में मेरे दफ़्तर क्यों आए हैं वो भी नंगे पांव और नंगे सिर। मैंने उन्हें उस आदमी के बारे में बताया और ज़ोर दे कर कहा कि यह आदमी डाकू नहीं है और मैं चाहता हूँ कि इसे छोड़ दिया जाए। उन्होंने सलाह दी कि इस आदमी को वादामाफ़ गवाह बनना पड़ेगा और सब कुछ बताना पड़ेगा तब हम इसे छोड़ देंगे। उसने एसपी की सलाह मान ली और उस आदमी को छोड़ दिया गया। उस आदमी ने मुझे अच्छी और ईमानदारी की ज़िंदगी जीने का वादा किया। मैंने उसे घर बुलाया, उसे खाना खिलाया। उसका जीवन बदल गया और वो खुशी से जीवन जिया।

27

बुढ़ापे में मेरी पत्नी को दिल की तकलीफ़ हो गई, उसके दाँतों में भी कुछ तकलीफ़ थी। कभी-कभी उसके दाँतों से खून आ जाता था। इसलिए तकलीफ़ के दौरान वो मुझे बहुत सख़्त लफ़्ज़ कह जाती थी। चूँकि मेरे मन पर हज़ूर दाता दयाल जी के संस्कारों का बहुत गहरा असर था तो मैं उसके लफ़्ज़ों का बुरा नहीं मानता था। क्योंकि मेरा दिमाग़ बहुत देर से रूहानियत की ओर झुका हुआ था मैं अपनी पत्नी के प्रति उदासीन (indifferent) था।

एक बार मैं सालाना छुट्टी पर आया और दाता दयाल जी के दर्शनों के लिए गया। उन्होंने कह दिया अपनी पत्नी के साथ आओ, वरना मैं तुम से नहीं मिलूँगा। दाता का कहना मानना मेरा धर्म था। मैं घर गया और पत्नी के साथ दाता दयाल जी के पास वापिस आया। मेरी पत्नी की ओर इशारा करके दाता दयाल जी ने पूछा, "ये कौन है?" मैंने कहा हज़ूर ये मेरी पत्नी है। दाता ने फिर कहा, "मैंने पूछा ये कौन है?" मैंने जवाब दिया, "हज़ूर ये पंडित मस्तराम जी की बहु है"। दाता दयाल जी ने तीसरी बार फिर पूछा। तब मैंने कहा, "हज़ूर ये सुरजन राम जी की बेटी है"। दाता दयाल जी ने चौथी बार फिर पूछा। मैंने कहा कि हज़ूर मैं समझ नहीं सका। तब दाता दयाल जी ने बड़े दया भाव के साथ कहा, "ये मेरी बेटी है, अगर तुम इसे तकलीफ़ पहुँचाओगे तो मुझे तकलीफ़ पहुँचाओगे"। हुज़ूर दाता दयाल जी का यह संस्कार मेरा मार्गदर्शक बना और मैं अपनी पत्नी के साथ बहुत सम्मानपूर्वक और शांतिपूर्वक रहा।

28

एक बार मैं सालाना छुट्टी पर बग़दाद से हिंदुस्तान आ रहा था। वापसी के सफ़र के लिए मैं मकीना कैंप में जहाज़ का इंतज़ार कर रहा था। जहाज़ के आने में अभी कुछ वक्त था, मैंने सोचा कि तब तक हुक्का पी लिया जाए। तो मैं वहाँ कुछ मज़दूरों के किचन में गया जहाँ खाना बनाने के बाद वे अलाव छोड़ गए थे। वहाँ चूल्हे के पास चार आने का एक सिक्का पड़ा हुआ था। मैंने आसपास देखा कि कोई देख तो नहीं रहा और वो सिक्का उठा लिया, हुक्के के लिए आग ली और अपने बेड पर लौट आया। जब बिस्तर पर गया तो ख़्याल आया कि तुम हर महीने 500 रुपए कमाते हो। तुमने वो सिक्का इतना चोरी से क्यों उठाया? मैं अपनी उस बेवकूफ़ी पर पछताया और वो सिक्का किसी और को दे दिया। किसी को उपदेश देना या प्रवचन करना बहुत आसान है लेकिन ज़िंदगी में व्यवहारिक होना सबसे कठिन है।

29

जब मैं बहुत जवान था मैं बग़दाद चला गया। बसरा-बग़दाद में मैं 12 साल रहा। लेकिन मैं कभी बाहर निकल कर बसरा और बग़दाद शहर देखने नहीं गया। क्योंकि उन शहरों की औरतें बहुत खूबसूरत थीं इसलिए मैं वहाँ जाने से बचता था कि कहीं मैं मन से गिर न जाऊँ। एक दिन मैं अपने क्वार्टर नंबर एचपी-III में अकेले बैठा था। अपने कमरे में से मैंने देखा कि दो खूबसूरत औरतें मेरे क्वार्टर की तरफ़ आ रही थीं। वो औरतें आमतौर पर अपने दोस्तों से मिलने और उनके साथ मज़ा करने के लिए हमारे कैंप में आया करती थीं। उन्हें दूर से आते देख मैंने दरवाज़ा बंद कर लिया और चुपचाप अंदर बैठा रहा। लेकिन कुछ देर बाद मैं उठा और उन्हें देखने के लिए थोड़ा-सा दरवाज़ा खोल लिया। अफ़सोस! मन कैसे काम करता है कौन यक़ीन करेगा और किसकी हिम्मत है कि इससे आज़ाद रह सके। इस मन का विश्वास नहीं किया जा सकता। ये आपको पल में नीचे गिरा सकता है और उठा भी सकता है।

30

एक बार मुझे मियानी रेलवे स्टेशन पर तैनात किया गया। भेड़ा से एक ट्रेन आई। उस में से एक जवान, खूबसूरत और अच्छे कपड़े पहने हुए लड़की भी उतरी। क्योंकि मैं गेट पर था उसने अपना टिकट मुझे दे दिया। लेकिन जैसे ही मैंने उसे देखा मेरा मन चलायमान हो गया। अपने मन पर नियंत्रण रखने के लिए उस लड़की के सामने ही अपने मुँह पर थप्पड़ मारा। ख़ैर, वो लड़की अपने रास्ते चली गई। मुझे पता नहीं था कि वो लड़की कौन है। लेकिन वो लड़की मेरी माँ को जानती थी। वो सीधे मेरी माँ के पास गई और सारी बात बता दी। जब मैं घर आया तो माँ ने पूछा कि जब उस लड़की ने तुम्हें टिकट दी तो तुमने अपने मुँह पर थप्पड़ क्यों मारा। मैंने माँ से कहा, "माँ अब मेरी उम्र हो गई है, ऐसे सवाल न पूछा कर"। संत कबीर ने लिखा है "हम जानी मन मर गया, मरा हो गया भूत। मरने पर भी आ खड़ा, ऐसा मन है कपूत।"

31

जब मेरी शादी हो गई तब मेरे मन में इच्छा थी कि मेरे बच्चों में काम, क्रोध, लोभ, मोह, अहंकार न हो। मैंने अपनी इच्छा के बारे में हज़ूर दाता दयाल जी को लिखा और उनसे आशीर्वाद माँगा। उन्होंने जवाब दिया, "जो तुम चाहते हो वही होगा"। मेरे यहाँ एक बच्ची पैदा हुई। उस समय दाता दयाल अमेरिका गए हुए थे। मैं लाहौर उनकी कुटी में गया और उनके घिसे-पुराने कपड़े घर ले आया क्योंकि मैं जज़्बाती तौर पर दाता दयाल जी से और उनकी निजी चीज़ों से जुड़ा हुआ था। मैंने वो कपड़े अपनी पत्नी को दे दिए और उसे कहा कि बच्ची को उसमें लपेट दे। उसने वैसा ही किया। उसका परिणाम यह हुआ कि बच्ची वैसी ही है जैसी मैंने इच्छा की थी। वो पुराने कपड़ों में खुश रहती है हालाँकि उसके लिए नए कपड़ों की कोई कमी नहीं है। वो पुराने कपड़ों को ठीक करके पहनती रहती है। उसकी माँ की मौत हो गई लेकिन उसने माँ के साथ कोई मोह प्रकट नहीं किया। यह मेरे अपने संस्कारों और संतान की इच्छा का परिणाम है। तुम्हारे विचार और संस्कार वीर्य के साथ तुम्हारी पत्नी के गर्भ में चले जाते हैं। तुम्हारी संतान आज्ञाकारी, श्रेष्ठ, वफ़ादार, बुद्धिमान और सेहतमंद है या फिर आज्ञा न मानने वाली और गैर-ज़िम्मेदार है तो उसके ज़िम्मेदार तुम ख़ुद हो।

32

संतान पैदा करने के बारे में मैं तुमको अपनी ज़िंदगी की एक और मिसाल देता हूँ। मेरे कोई लड़का नहीं था। मैं चाहता था कि मेरे यहाँ एक इमानदार, आज्ञाकारी, बुद्धिमान और श्रेष्ठ बेटा पैदा हो। वैसा ही गुणी और अच्छे विचारों वाला लड़का मेरे यहाँ हुआ जैसा मैं चाहता था। उसने आज तक शिकायत का कभी मौक़ा नहीं दिया। वो बहुत ईमानदार, आज्ञाकारी और बुद्धिमान है। वो सरकारी नौकरी में ऊँचे ओहदे पर है और 3000 रुपए महीना तन्ख़ाह लेता है। मेरी इतनी इज़्ज़त करता है कि मेरे रिक्शा में नहीं बैठता। वो मेरे नौकर से अपना कोई काम नहीं लेता। मेरी ज़िंदगी की ये घटनाएँ तुम्हारे लिए इसलिए लिखाई जा रही हैं ताकि तुम अच्छी और खुशी की ज़िंदगी जीने के कुछ सबक सीख लो।

33

मैं जब भी दाता दयाल जी के पास जाता उन्हें बहुत तंग किया करता था क्योंकि मैं अपने आप को सबसे बड़ा पापी समझता था। लेकिन उस ज़ात पाक ने मुझे मेरे उन नकारात्मक और कमज़ोर ख़्यालों से ऊपर उठाने की कोशिश की। वो कहा करते थे कि फ़कीर एक दिन तुम फ़कीरों में चाँद बनोगे। वो हमेशा मुझे हौसला देते थे और उसका परिणाम मेरी आज की पोज़ीशन है। उन्होंने मेरे लिए बहुत लिखा लेकिन आख़िरी बार उन्होंने जो मुझे लिखा वो यह है:-

"कौन है शादां यहाँ, शाद फ़क़त ज़ाते फ़कीर;
खुश नहीं हरगिज़ तवंगर, मालो ज़र वाले अमीर;
तरके दुनिया तरके उकबा, तरके मौला कर दिया ;
तरक का भी तरक है, इस तरक से दिल भर गया;
चशमें वहदत भी मिली, वहदत का मंजर देखकर कर
कर रहा है रात दिन, दुनियां की मंज़ल का सफर;
क्या है दुनियां खाब है, और ख़ाब भी ज़ाते फ़कीर;
दामे हिरसो मालोज़र में, वह नहीं हरगिज़ असीर;
ख़ाक़ में दुनियां मिली, और ख़ाक ही है वह मुदाम;
वह खुशी से शादमां रहता है, हर दम सुबोह शाम;
आबिदो माबूबियत, माबूद से आज़ाद है;
ख़ुद मुज्जस्म खुश है दिल का, रूह का वह शाद है;
जिस को देखो इस तरह, समझो वही सच्चा फ़कीर;
दस्तगीरे दो जहाँ, और दो जहाँ का है वह पीर;
आया जो कुछ भी समझ में, तेरे लिए लिख दिया;
तूने फैलाया था दामन, आज उसको भर दिया;
ज़ात में अपनी हुआ गुम, तू भी गुम होना कभी;
मंज़िले मक़सूद पर पहुँचोगे यह सुन लो अभी।"

34

सन 1933 में मैं सुनाम रेलवे स्टेशन पर स्टेशन मास्टर था। हज़ूर दाता दयाल जी वहाँ मेरे घर आए। बहुत से लोगों के कहने पर एक आम

बाबा फ़कीर चंद का जीवन और कार्य

सत्संग रखा गया। उस आम सत्संग में दाता दयाल जी ने मुझे कहा, "फ़कीर, वक़्त बदल जाएगा। तालीम देने का पुराना तरीक़ा लोग पसंद नहीं करेंगे। इसलिए चोला छोड़ने से पहले तुम तालीम देने का तरीका ज़रूर बदल जाना।" सतगुरु का हुक्म था इसलिए मैं दुनिया को अपना अनुभव और रिसर्च बताने के लिए मजबूर हूँ।

35

अब चौरानबे साल की इस उम्र में, मैं शांति और ख़ुशी से जीवन जीता हूं। जानते हुए भी, अपना जीवन मैं ऐसे जीता हूं जैसे कि मैं अनजान हूँ। पूरी रचना एक सर्वाधार का खेल है। हम जो कुछ भी देखते हैं, महसूस करते हैं या जानते हैं वह उस आधार का एक खेल मात्र है। जो कुछ भी होता है, अच्छा या बुरा (या इन दोनों से परे), उसी के हुक्म के अधीन होता है। उसकी मौज से इंसान मुक्ति की हालत को प्राप्त कर सकता है; और उसी की इच्छा के अधीन आदमी को आवागमन के चक्र में रहना पड़ता है। मौज, मौज, मौज.....! मैं बस ख़ुद को उसके हवाले करता रहता हूँ। यह मेरी सारी ज़िदगी की खोज का आख़िरी मुक़ाम है। उसकी इच्छा सर्वोपरि है। जो भी होता है भले के लिए होता है।

इस विश्वास से मुझे शांति मिलती है। इस अनुभव के आधार पर मैं बे-लगाव रहता हूं और शरीर, मन या आत्मा तीनों से ख़ुद को अलग मानता हूँ। मैं हमेशा अपने आप को अलग-अलग तरीकों से मानव जाति की निस्वार्थ सेवा के काम में लगाए रखता हूं (जीवन में काम बहुत जरूरी है)। आंतरिक रूप से मैं अपने आप के प्रति सचेत रहता हूं और स्थूल, सूक्ष्म और कारण अवस्था से परे, उस मालिक की शरण में रहता हूं।

शिक्षाएँ

शिक्षाएँ

शाश्वत रहस्य

मैं गुरु नहीं हूं, न ही मैंने कभी गुरु बनने की ख़्वाहिश की है। मैं यह काम नहीं करना चाहता था। मैं (अपने गुरु) हज़ूर दाता दयाल जी के हुक्म के मुताबिक इस काम को करने के लिए मजबूर हूं। मैं इस काम से कोई ज़ाती फ़ायदा नहीं उठाता। मैं लोगों से अपने ज़ाती इस्तेमाल के लिए या अपने परिवार के लिए कुछ नहीं लेता। इस सज्जन (श्री रामजी दास) ने कल मुझे 500 रुपये और कुछ चांदी के बर्तन भेंट किए। मैंने कहा कि मैं उन्हें कबूल नहीं करूंगा। लेकिन मुझे उनका विश्वास और प्यार भी बनाए रखना है। तो मैंने यह किया कि वो दान ले लिया और उसे एक लड़की के लिए दे दिया जिसकी शादी जल्द ही होने वाली है, इसके एवज़ में, मैंने अपनी जेब से मानवाता मंदिर को 250 रुपये दे दिए हैं। मैंने बर्तनों का क्या करना है। लेकिन, मेरे बच्चे, एक बात मैं तुमको बताना चाहता हूँ। मैं यह दावा नहीं करता कि मैं जो कहता हूं वही सही है या आख़िरी है। मैं जो कुछ कहता हूं वह मेरे जीवन के अनुभव का सार है। प्रकृति अथाह है। इसका किसी को पता नहीं चला। शरीर का एक छोटा-सा जरासीम (कीटाणु) पूरे शरीर को नहीं जान सकता। इसी तरह (एक) इंसान एक बड़ी सृष्टि में एक छोटे से जरासीम की तरह है। वह पूरी सृष्टि को जानने का दावा कैसे कर सकता है? जो लोग कहते हैं कि वे जानते हैं, वे ग़लत हैं। कोई इस सारी सृष्टि का वर्णन नहीं कर सकता न ही इसे जान सकता है। एक हद तक जहाँ तक इंसान के दिमाग की पहुंच होती है, वो कुछ कह सकता है। लेकिन पूरे ब्रह्मांड के बारे में कोई नहीं बता सकता। कोई उसको बयान नहीं कर सकता।

इंसान बनो

इस ग्रह का आदमी ख़ुद को हिंदू, मुस्लिम, सिख या ईसाई आदि मानने के लिए मजबूर है। इंसानों के बीच के मतभेद धर्मों पर आधारित हैं। इसके अलावा आर्थिक हालत, सामाजिक रीति-रिवाज़, सांस्कृतिक रिश्तों और अलग-अलग विचारधाराओं के आधार पर दूसरे अनगिनत गुट और पार्टियाँ हैं। इसका नतीजा है कि समाज और देश में कई तरह के बँटवारे होते हैं। किसी पंथ-संप्रदाय, पार्टी या विचारधारा से यह लगाव या जुड़ाव आदमी को दूसरों के लिए तंग सोच वाला और पक्षपाती बना देता है और इस तरह उसे सच्चाई से दूर कर देता है।

हर बच्चा जन्म के समय ऐसे धार्मिक संस्कारों, सामाजिक रीति-रिवाज़ों वगैरा से मुक्त होता है, और पक्के तौर पर यह कहना मुश्किल होता है कि वो बच्चा किस धर्म या पंथ-संप्रदाय का हो जाएगा। उसका पालन-पोषण करने वाले लोग उसे किसी भी समूह में ढाल सकते हैं।

इंसान के असली धर्म पर बात करने से पहले जीवन के बारे में कुछ ज़रूरी हक़ीक़तों को जानना ज़रूरी है। इंसान क्या है? उसकी पैदाइश क्या है? साइंस के लिहाज़ से इंसान वीर्य के स्पर्म से बना है। वीर्य ख़ून से बनता है, और ख़ून या तो माँ के दूध या दूसरे दूध से बनता है, दूध जो माँ या गाय द्वारा खाए गए भोजन से बना। इस तरह, केवल शारीरिक रूप से देखें तो मनुष्य, धरती से पैदा हुई चीज़ों का एक बदला हुआ रूप है और कुछ नहीं है।

क्या ख़ून, दूध और खाने वाली चीज़ों ने कभी उसका हिंदू, सिख, मुस्लिम या ईसाई के रूप में पोषण किया? नहीं, वो केवल इंसान के बच्चे के रूप में पैदा हुआ है। यह किसी धर्म या पंथ-संप्रदाय का काम नहीं है। हम सभी एक समान पैदा हुए इंसानी जीव हैं, धरती मां की पैदाइश हैं। फिर, एक ही ग्रह के भाइयों और बहनों के बीच ये पक्षपात और ईर्ष्या क्यों? यह सब साबित करता है कि मनुष्य का बुनियादी और पहला धर्म इंसानियत या मानवता है। बाक़ी आज के जितने भी दूसरे धर्म हैं वो बाद में इंसान की सोच और बुद्धि से पैदा हुए हैं। लेकिन उनमें से कोई भी मानवता [इंसान बनो] से बड़ा नहीं है।

गुरु

एक

गुरु की संगत से आपको क्या मिलता है? आपको भेद मिलता है और सच्चाई मिलती है। लेकिन किस्मत की बात है कि इसकी ज़रूरत हर आदमी को नहीं होती। कुछ ख़ास शख़्सीयतें होती हैं जिनको इसकी कुरेद होती है। यदि आप किसी 6 या 7 साल के बच्चे को सेक्सोलॉजी पढ़ाना शुरू करें तो क्या वो इसे समझेगा? नहीं, वो नहीं समझेगा। इसी तरह इस भेद को हर एक इंसान नहीं समझ सकता। अगर आप एक आठवीं जमात के विद्यार्थी को एटॉमिक एनर्जी पढ़ाएँगे तो वो इसे नहीं समझेगा। इसी तरह, इस भेद को भी हर आदमी नहीं समझ सकता। जीवन के हर पहलू की अवस्थाएँ और श्रेणियाँ हैं। इसलिए, मैं किसी की या किसी वर्ग की निंदा नहीं करता। हर संत या गुरु अपने स्थान पर सही है। लेकिन सिर्फ़ वही गुरु ठीक काम नहीं कर रहा जो अपने मतलबी इरादे, नाम और शोहरत की वजह से सच नहीं बोलता। स्वामी जी महाराज लिखते हैं:

गुरु ने अब दीन्हा भेद अगम का, सुरत चली तज देश भरम का ।
बल पाया अब विरह मरम का, भटकन छूटा दैरो हरम का ।
वर्षन लागा मेघ करम का, संशय भागा जनम मरन का ।
तोड़ दिया सब जाल निगम का, सुख पाया अब हम हमदम का ।
फल पाया आज हम सम दम का, भँवर हुआ मन सेत पदम का ।
फूँक दिया घर लाज शरम का, काटा फंदा नेम धर्म का ।

मैं ख़ुद अंधेरे में था। मैंने भी गुरु रूप को शरीर माना हुआ था। मुझे इससे छुड़वाने और मेरी अज्ञानता को दूर करने के लिए उस ज़ात पाक ने यह कार्य (गुरुआई का) मुझे दिया। मुझे आज भी वो दिन याद है जब दाता दयाल गिद्दड़वाहा आए थे। तब मैंने अपने गुरु से कहा था, "दाता, अब आपका चोला छूट जाएगा।" वो ज़ात पाक हँसे और कहा, "हाँ फ़कीर, जो भी तुमने

कहा वो सही है. मेरे सारे कर्म कट चुके हैं, लेकिन तुम्हारे अभी हैं. काम करते रहना. तुम्हें राधास्वामी दयाल के दर्शन सत्संगियों के रूप में होंगे जो तुम्हें उस अवस्था तक पहुँचा देंगे." मैंने यह काम करने से इनकार कर दिया। मेरे गुरु ने फिर कहा, "अभी तुम अपनी मंजिल तक नहीं पहुंचे हो। यह काम तुम्हें वहाँ पहुँचाएगा।" अब आप (सत्संगियों) की दया ने मुझे बचा लिया है। केवल आपकी (सत्संगियों की) वजह से मैं भेद को समझ सका।

अब आप ख़ुद फ़ैसला कर लो कि गुरु का सेवक कौन है? क्या वो सच्चा सेवक है जो बाबा फ़कीर की सेवा करता है? नहीं। केवल वही गुरु का सच्चा सेवक है जिसे यक़ीन है कि गुरु हमेशा उसके साथ है। यही ज्ञान आख़िरी समय आपकी मदद करता है ना कि बाबा फ़कीर। जो मैं कहता हूं वो आपको अज्ञानता और भ्रम से निकालेगा न कि मैं, जो होशियारपुर में रहता है।

दो

कहा जाता है कि गुरु ज्ञान देता है और गुरु शब्द है। इसलिए जब तक किसी व्यक्ति की सुरत ध्यान के द्वारा ऊपर शब्द की अवस्था तक नहीं जाती तब तक उसे सच्चा ज्ञान प्राप्त नहीं होता। अक्ल से आप मेरे सत्संग से सब कुछ जान सकते हैं, लेकिन व्यवहारिक रूप से आप अज्ञानी बने रहोगे। इसलिए कभी भी किसी भी कीमत पर अपने (ध्यान) अभ्यास को मत छोड़ो। सुबह और शाम दोनों वक्त जितना हो सके ध्यान में बैठो।

एक बार मैं लाहौर गया। ज़ात पाक के प्रति मेरा विश्वास दृढ़ था। मैं सुबह जल्दी उठा और ध्यान में नहीं बैठा। मुझे वह दृश्य आज भी याद है। ज़ात पाक ने आकर पूछा, "फ़कीर, क्या आज तुम ध्यान में नहीं बैठे?" मैंने जवाब दिया, "नहीं, महाराज, जब मैं आपके चरणों में बैठा हूँ तो ध्यान की क्या ज़रूरत है?" ज़ात पाक ने हँसते हुए कहा, "हर रोज़ अभ्यास किया करो, इसका मोल तुम्हें बुढ़ापे में पता चलेगा।" अब मैं महसूस करता हूँ कि मेरे गुरु ने उस समय मुझसे जो कहा था वह पूरी तरह से सही है। इस लिए ध्यान रखो। अपना रोज़मर्रा का अभ्यास कभी मत छोड़ो। जितना समय कर सको उतने समय तक करो।

मेरे गुरु को (आख़िरकार) क्या हासिल हुआ मैं नहीं जानता। मैं सिर्फ़ वही कहता हूं जो मैंने समझा है। मेरा ज्ञान अनुभव यह है कि जो कुछ भी अंतर में दिखता है या प्रकट होता है वह केवल माया (illusion) है। संस्कार (The suggestions and the impressions) असलियत नहीं हैं। जब तक इस सच की समझ नहीं आती तब तक वजूद का वज़न जाता नहीं। यह जानने के बाद कि अंतर के सभी ख़्यालात, भावनाएं और प्राकट्य असलियत नहीं हैं, बल्कि माया हैं, मैं उनमें फँसता नहीं हूँ। सच्चे ज्ञान के बारे में मैं जो समझता हूं वो यही है।

तो कुबेर नाथ (फ़कीर के एक समर्पित सत्संगी)! आप आए। मैंने आपको सत्संग दिया है। खुश रहो। मेरे वश में जो कुछ है और मैं जो कुछ भी कर सकता हूं, करता हूं। मैं चमत्कार नहीं करता। आप मुझे अपना गुरु मानते हो। यही आपको छुड़वा लेगा।

ज़ात पाक दाता दयाल ने एक बार कहा था, "फ़कीर, तुममें निन्यानबे ऐब हैं, लेकिन एक गुण है कि तुम इंसान सच्चे हो।" हालाँकि, सच्चाई यह है कि तुम्हारा अपना आपा ही तुम्हारा असली गुरु है। मैंने तुम्हें सच्चाई बता दी। अब तुम्हारी मर्ज़ी है मेरी सेवा करो या ना करो। मैंने अपनी ड्यूटी पूरी कर दी। मैंने किसी को धोखा नहीं दिया। मैंने किसी को अंधेरे में नहीं रखा। सब को राधास्वामी।

आत्म (अपना आपा)

एक

मेरे मानने वालों (सत्संगियों) ने मुझे सभी आंतरिक दृष्यों और प्राकट्यों को छोड़ने के लिए मजबूर किया। मैं आनंदमय प्रकाश को देखता हूं और अनंत शब्द को सुनता हूँ जो विचारहीनता की अवस्था से बहुत परे है। मैं हमेशा उस चीज़ को जानने और पहचानने की कोशिश करता हूँ जो अंतर में प्रकाश को देखती है और शब्द को सुनती है। लेकिन मैं अब तक उसे जान नहीं पाया हूं। उसका वजूद है। आप प्रकाश से भिन्न हैं और शब्द से आप भिन्न हैं। अब सवाल यह है कि अगर मैंने उस आधार, अगोचर और अपार की अवस्था प्राप्त कर ली है, तो मेरे पास कोई अनोखी ताकत होनी चाहिए,

ताकि मैं किसी का, देश का या कम से कम अपना ही कुछ भला कर सकूं। लेकिन मैं तो कुछ कर नहीं सकता। यह साबित करता है कि मैं चेतन (Consciousness) का एक बुलबुला मात्र हूं। उस मालिक की इच्छा के तहत, उसकी हरक़त से, यह "मैं" बन गया। "मैं" न ईश्वर है, न संत है, न गुरु है, न सेवक है। "मैं" एक बुलबुला है जो उसकी इच्छा से बना और उसकी इच्छा से उसमें मिल जाएगा, लेकिन मैं अभी भी उस अवस्था में ठहर नहीं सकता। मेरी बुद्धि अभी भी "मैं" और उसके मालिक को जानने और पहचानने की कोशिश करती है। इसी खोज ने मुझे हज़ूर दाता दयाल जी तक पहुँचाया और अब मैं उनके हुक्म का पालन करता हूँ। मुझे नाम, शोहरत और गुरुआई की कोई इच्छा नहीं। मैं हमेशा के लिए उस (मालिक) में लय हो जाना चाहता हूं।

दो

मैं किसी को नामदान नहीं देता। लोग मुझे उनके अपने विश्वास के अनुसार अपना गुरु मानते हैं। संत ताराचंद जी ने मुझे बताया कि चिलचिलाती गर्मी में मैंने उनके खेत की फ़सल कटाई में मदद की। लेकिन मैं जानता हूँ कि मैं उसकी मदद करने नहीं गया।

जो लोग अपने जीवन को बदलने का ख़्याल लेकर मेरे पास आते हैं, उनको मैं कहता हूं कि उस सर्वाधार मालिक को किसी भी रूप में मान लो। इस विश्वास को पक्का करते रहो कि वही सब कुछ देने वाला है। उसके सिवाय कोई नहीं। जो कई दरवाज़ों पर दस्तक देता है, उसे कुछ नहीं मिलता और वो बेचैन रहता है। मैं आपसे नहीं कहता कि राधास्वामी मत के हिमायती बनो। अपने विश्वास के अनुसार अपने इष्ट से तब तक जुड़े रहो जब तक कि भरम में डालने वाले अपने ख़्यालों से आज़ाद न हो जाओ। मैं सभी धर्मों से आज़ाद हो गया। मेरे लिए "सच की हमेशा जीत होती है," का मतलब है कि वो मालिक एक 'तत्त्व' है जिसे कोई नहीं जान सका।

मैं कुछ भी नहीं हूं, लेकिन फिर भी मैं हर चीज हूं। मैं एक बेटा, भाई, पति और पिता हूँ, लेकिन मैं इन बंधनों के संसार में फँसता नहीं हूँ। यही सब

धर्मों का सार है। लेकिन कोई भी इसे समझने की कोशिश नहीं करता। जो होना है वो होना है। रोना-धोना क्यों?

तीन

जो कोई भी मन के मंडलों, रूपों, रंगों और रचनाओं से परे उँची अवस्थाओं में साधन करेगा, उसे अंतर में प्रकाश दिखाई देगा। प्रकाश मौजूद है और हर किसी में प्रकट होता है लेकिन रंग अभ्यासी की प्रकृति के अनुसार दिखाई देंगे। कुछ अभ्यासियों को लाल रंग दिखाई देता है, कुछ हरे रंग की रोशनी देखते हैं और दूसरे अपनी प्रकृति के अनुसार सूर्य, चंद्रमा, तारे देखते हैं।

मैं जानता हूँ कि मैं कहीं नहीं जाता; मेरा रूप प्रकट होता है और मुझे पता नहीं होता। लेकिन सत्संगी मेरा रूप प्रकट होने की घटनाएं बताते हैं तो मैं हैरान होता हूँ। इस अनुभव ने मुझे महान प्रकाश को देखने और अपने आप को अनन्त शब्द में लय करने में मदद की। मैं उस सफ़ेद प्रकाश को छोटे और बहुत बड़े रूप में भी देखता हूं। यह भीतर का प्रकाश आत्मा है। जो वस्तु उस प्रकाश को अंतर में देखती है वो अलग है। इंसान शरीर (स्थूल पदार्थ), विचार (मन) और आत्मा (प्रकाश) से बना है। मैंने अपने अंतर में तरह-तरह के रंगों का प्रकाश देखा है। अंतर में इन तरह-तरह की रोशनियों को लेकर कई तरह के शक पैदा हुआ करते थे। मैंने अंतर में समय-समय पर सूर्य, चंद्रमा और तारे बहुत देखे हैं। वे क्या थे? वो भिन्न-भिन्न दर्जों पर भिन्न-भिन्न रूपों में आत्मा थी। अभ्यास की निचली अवस्थाओं में जब आत्मा सूक्ष्म प्रकृति के संपर्क में आती है तो वह भिन्न-भिन्न दर्जो में अलग-अलग रंगों में दिखाई देती है। उदाहरण के लिए, भौतिक ब्रह्मांड में, सुबह का सूर्य बैंगनी लाल रंग का होता है, दोपहर के समय वो सफेद दिखाई देता है, लेकिन शाम को धूल के कणों के असर से बदल जाता है। सच्चाई यह है कि सूरज वही है, उसका रंग हमेशा वही होता है, लेकिन यह देश और काल के प्रभाव से तीन अलग-अलग हालतों में तीन अलग-अलग रंगों में दिखाई देता है।

जो कोई अपनी आत्मा को देखने की इच्छा रखता है, उसे इस उसूल पर चलना होगा कि "सच की हमेशा जीत होती है"। उसे चाहिए कि वो ख़ुद

को सांसारिक इच्छाओं, लालसाओं, और अहंकार से अलग करे। सांसारिक जीवन से उदासीनता आने के बाद, यदि वो अभ्यास करता है, तो वो आसानी से प्रकाश (आत्मा) को देखने के काबिल हो जाएगा। वो चीज़ जो अंतर में प्रकाश को देखती है, उसका नाम आत्मा नहीं है। संतमत में उस चीज़ को सुरत नाम दिया गया है। वो चीज़/सुरत उस सुप्रीम सुरत (Super Consciousness), मालिके कुल का अंश है।

चार

वो चीज़ जो अंतर में प्रकाश को देखती है और प्रकाश में रहती है उसे किसी और चीज़ की कुरेद रहती है। मैं लगातार यह जानने की कोशिश कर रहा हूं कि वो कौन-सी चीज़ है जो ऊंचे मकसद को हासिल करना चाहती है? इस अवस्था वाली उस "चीज़" को सुरत का चौथा पद (चौथी अवस्था), कहते हैं। जब सुरत स्थूल और सूक्ष्म हालतों में हर रोज़ अभ्यास करते हुए अकेली रह जाती है, तब आपके वजूद में एक हालत पैदा हो जाती है जो बयान से परे है। हज़ूर दाता दयाल जी उस अवस्था के बारे में लिखते हैं: "न अतीत, न वर्तमान न भविष्य। चिराग़ गुल, पगड़ी ग़ायब (twitch the eyelids, gone are your belongings.)।"

नामदान का उपहार

एक

बहुत देर से मैं नाम के हीरों की इस खान को खोज रहा हूं और अब मैं नवासी (89) साल का हूं। मुझे क्या मिला? अगर शब्द को नाम मान लिया जाए (साहित्य में "नाम" का अर्थ है दिव्य शब्द या परम अवस्था) जो अनंत शब्द है (धुनात्मक शब्द) तो मैं ऐसा कहने की हिम्मत नहीं करता। क्यों? क्योंकि उस अनंत शब्द को सुनने के बाद भी जब मैं शारीरिक हालत में आता हूं, तब भी मुझे दृष्य दिखाई देते हैं। कई बार मुझे सपनों में अच्छे दृश्य और कभी-कभी बुरे दृश्य दिखाई देते हैं।

आज रात को मैंने एक सपना देखा था जिसमें मैंने देखा कि रेलगाड़ियाँ चल रही थीं। एक एक्सीडेंट हुआ; मैंने अपना सामान लिया; आगे मेरे पिता (जिनसे मैं डरता था) वो मुझे मिले। फिर मैं अपनी माँ से मिला, मेरी

पहली पत्नी भी वहाँ बैठी थी। मैंने अपनी पत्नी से पूछा, "तुम्हारी टाँग में चोट लगी थी उसका क्या हुआ? क्या तुम्हारी टाँग अब ठीक है? क्या तुम मेरी पत्नी नहीं हो?" इस बीच मैं जाग गया और ख़ुद को शब्द (आंतरिक शब्द धार) में लगा दिया।

ऐसे अनुभवों से मुझे समझ में आया कि एक आदमी का दिमाग़ जो सुरत-शब्द योग का अभ्यास करता है (शब्द धार के ज़रिए आत्मा को परमात्मा के साथ मिलाता है), वो पुराने संस्कारों के प्रभावों से बच नहीं सकता। क्या पुराने संस्कार किसी के सपनों में खुद बड़े हो कर नहीं आते हैं? आते हैं। अपने जीवन के अंतिम वर्षों के दौरान दाता दयाल जी ने, जब उनके भाई का देहांत हो गया था, अपने एक सपने का वर्णन एक किताब में किया। उस सपने में हज़ूर ने अपने दिवंगत भाई से पूछा था कि, "आप कहां रहते हैं?" यह साबित करता है कि शिवब्रत लाल जी जैसे बड़े-बड़े परम संत, महात्मा जो ख़ुद अनंत शब्द को सुनते हैं वो भी पुराने संस्कारों के प्रभाव से मुक्त नहीं हैं। वे महान संतों के सबकॉन्सियस माइंड (subconscious, अवचेतन मन) के सामने भी आते हैं। वे सभी कर्म, विचारों और भावनाएँ, जहां कोई स्वार्थ रहा है, उनका असर संबंधित व्यक्ति पर, या तो जागृत अवस्था में या नींद में ज़रूर आएगा। मैं ऐसा क्यों कहता हूँ? यह मेरा अनुभव है। जब से 'मानवता मंदिर' बना है मुझे कभी इसके बारे में सपना नहीं आया। मेरे अपने सपनों में कुबेर नाथ, दुर्गा दास, मुंशीराम, गोपाल दास या कोई अन्य सत्संगी नहीं आए, हालांकि मैं हज़ारों को यहां और अपने दौरों के दौरान मिलता हूं। क्यों? क्योंकि मेरा अपना आपा न तो मंदिर से जुड़ा है और न ही आप में से किसी के साथ। मंदिर से या किसी भी सत्संगी के ज़रिए स्वार्थ पूरा करने का मेरा कोई उद्देश्य नहीं है। मेरे पास आप सभी के लिए शुभभावनाएं हैं और प्रेम है। (लेकिन) मैं इस खेल में ख़ुद फंसता नहीं हूं। (सत्संग में बैठी एक बूढ़ी महिला की ओर इशारा करते हुए) यह माँ मेरा ख़्याल रखती है, सेवा करती है और प्रेम करती है, लेकिन यह कभी मेरे सपनों में दिखाई नहीं दी। लेकिन मेरे पिता, माता, पत्नी और रेल गाड़ियाँ मेरे सपनों में बार-बार क्यों आती हैं? क्योंकि मेरा स्वार्थ उनसे जुड़ा था। मेरे स्वार्थ ने उनके लिए प्यार पैदा कर

लिया था। मेरे स्वार्थ ने उन्हें अपना लिया था। उनके साथ कई साल के अपनेपन के संस्कारों की वजह से वे इतने साल बीत जाने के बाद भी आज तक आने बंद नहीं हुए हैं। फिर इन संस्कारों को हटाने और अपने आप को दुख, अशांति और झकोरों से मुक्त करने का क्या तरीका है? यदि आप उनसे मुक्त नहीं हैं तो आप मुक्त नहीं हैं। वो कौन सा नाम है जो आपको मुक्त करता है?

कबीर कहते हैं कि मन ही बंधन का कारण है और मन ही मुक्ति का कारण है। यदि मन ही सब कुछ है, तो नाम क्या करता है? नाम वो अनुभव, अहसास और ज्ञान है जो मैंने आपकी संगत से प्राप्त किया है। वो यह है कि मैं कहीं प्रकट नहीं होता। मेरे अंतर में या तुम्हारे अंतर में जो प्रकट होता है वो असली सच्चाई नहीं है. रूप प्रकट होना उन संस्कारों का खेल है जो हमारे दिमाग़ में बैठे हुए हैं और जिन्हें हम सच मानते हैं. जब तक किसी व्यक्ति को यह दृढ़ विश्वास नहीं हो जाता कि ये रूप प्रकट होना और दृश्य दिखाई देना सिर्फ़ मन पर पड़े संस्कारों की वजह से है, तब तक आदमी को आत्मज्ञान नहीं हो सकता। यह मेरी नब्बे साल की खोज का सार है।

कुबेर नाथ, तुम आए हो। मेरे पास आपके लिए प्रेम और शुभभावनाएँ हैं। (सत्संग में एक और आदमी की ओर इशारा करते हुए) वो आया है। तुम मेरी सेवा करते हो और वो भी मेरी सेवा करता है। आज सुबह मैंने ख़ुद से सवाल किया, "क्या तुम्हें आत्मज्ञान हो गया है?" लोग कहते हैं कि अंतर का शब्द ही नाम है और आमतौर पर इसी ख़्याल को माना जाता है। ऐसा नहीं है। यह शब्द वास्तव में उस आख़िरी अवस्था तक पहुँचने का एक साधन है। यह खोज का एक साधन है।

मैंने नाम की खोज क्यों की? मैं "किसी चीज़" की तलाश में अंतर्मुखी हो गया। मैंने रूप देखे, राम, कृष्ण, भगवान की पूजा की और अंतर में निराकार (निर्गुण) की खोज की। इस खोज के दौरान मैंने विभिन्न रूपों और विभिन्न दृश्यों का आनंद लिया। मैं इन रूपों से बात भी करता था। यह सब क्या था? यह सब मन की खोज थी। यह उस (असली) मुकाम को ढूँढने और उस तक पहुंचने की खोज थी। मैंने घंटों की आवाज़ सुनी, शंख की

आवाज़ सुनी, प्रकाश देखा और अंतर में शब्द सुना। मैंने जो कुछ भी देखा और सुना, वो सब मन की खोज थी। अंतर की उस लंबी खोज के बाद मुझे नाम की प्राप्ति हुई, वो भी (मेरे) सत्संगियों के अनुभवों की वजह से। नाम और कुछ नहीं बल्कि अनुभव है, एक अहसास है।

दो

जो ख़ुद को शब्द में लगाते हैं और शब्द को आखिरी मुकाम समझते हैं, वे आत्मज्ञान से रहित हैं; दरअसल, उन्हें भी नाम की प्राप्ति नहीं हुई है। क्यों? मैं आपको एक घटना बताता हूं। सपनों में क्या होता है? मैं सोने जाता हूँ, अपने आप को शब्द के हवाले कर देता हूँ और अंतर में प्रकाश से जुड़ जाता हूँ। लेकिन मैं उस अवस्था में कितनी देर रह सकता हूँ? आखिर मैं सो जाता हूं और स्वप्न की हालत में चला जाता हूं। कभी-कभी होश आता है कि मैं सपने देख रहा हूं, लेकिन कभी-कभी ऐसा नहीं होता। सपने में मैं आमतौर पर रेल गाड़ियाँ देखता हूं, शब्द सुनता हूं और प्रकाश देखता हूं। बाज़ दफ़ा मेरी पत्नी, पिता, माँ और कभी-कभार मेरा बेटा मेरे सपनों में दिखाई देते हैं। इससे ज़्यादा मैं सपनों में कुछ नहीं देखता। इसलिए यदि शब्द सुनने के बाद भी इन दृश्यों, रूपों, और प्रकाश आदि की सच्चाई के बारे में अनुभव प्राप्त नहीं होता है, तो आदमी बिना नाम रह जाता है। यह मेरा अनुभव है। हो सकता है मैं ग़लत होऊँ। इसी वास्ते मैं चाहता हूं कि आज के संत और महात्मा अपनी प्रैक्टिकल लाइफ़ के बारे में अपने अनुयायियों को बताएँ। काश, वे दिन के चौबीस घंटों के जीवन की वो सच्चाइयाँ बताएँ जिनसे वे रूबरू होते हैं।

तो मैंने जो नाम के बारे में समझा है, वो यह है कि अंतर में नज़र आने वाले भावों, दृश्यों और रूप-रंगों के बारे में सच्चा ज्ञान ही नाम है। वो ज्ञान यह है कि जागृत, स्वप्न और सुषुप्ति की सारी रचना संस्कारों के अलावा और कुछ नहीं हैं (जो है नहीं, मगर भासती है) और जो मन की ही रचना है। दूसरों के बारे में क्या कहूँ, मुझे भी (सपने में) अपने आप की जानकारी नहीं रहती। क्या पता मरते वक्त मेरे साथ क्या हो? मैं बेहोशी की हालत में चला जाऊँ, स्वप्न की हालत में चला जाऊँ और रेल गाड़ियाँ देखूँ...। मैं कैसे दावा

कर सकता हूँ कि मैंने जो समझा है वही आखिरी सच्चाई है? सच तो यह है कि मैं कुछ नहीं जानता।

हज़ूर दाता दयाल जी की वाणी को सुनने के बाद मेरे मन में विचार आया, "फ़कीर, तुम दूसरों को सलाह और उपदेश देते हो क्या तुमने ख़ुद नाम हासिल कर लिया है?" मेरे लिए नाम का अर्थ ज्ञान है। नाम का असली अहसास यह है कि सहस दल कँवल, त्रिकुटी, दसवाँ द्वार, और महासुन्न की आंतरिक अवस्थाएं सभी काल और माया हैं। उनका अपना कोई अस्तित्व नहीं है, वो माया हैं। किसी को अपने अंतर में जो कुछ भी दिखाई देता है वो उसका अपना विचार है और अपना मन है। वो तुम्हारा अपना ही मन है जो बाबा फ़कीर के रूप में प्रकट होता है; तुम्हारा अपना मन तुम्हारे मसलों को हल करता है, लेकिन तुम इसका क्रेडिट (श्रेय) मुझे देते हो।

तीन

ज्योतिषी व्यास नारायण यहां बैठा है। जब यह उज्जैन में था, तो मेरा रूप इसमें प्रकट हुआ और इसके कई दुनियावी मसलों को हल कर दिया। इसने यहां आकर अपनी सारी घटनाएँ मुझे सुनाईं। मैं इसे पहले से नहीं जानता था। अब सवाल उठता है: कि इसमें कौन प्रकट हुआ और इसके मसलों को हल किया? यह सब मन का खेल है और कुछ नहीं है।

इसलिए मेरी सारी जद्दोजहद इस नतीजे पर ख़त्म हुई: मन की रचनाएँ आरज़ी (क्षणभंगुर) हैं। वे उन ख़्यालों और संस्कारों के प्रभाव हैं जो हमारे दिमाग़ पर पड़े हैं। जब प्रकाशमय आत्मा एक विशेष दर्जे पर पहुँचती है, तो ख़्याल और संस्कार बड़े दिखाई देते हैं और अंतर में नज़र आने लगते हैं, जैसे फिल्म एक ख़ास लेंस की मदद से बड़ी दिखाई देती है और सिनेमा घर में प्रकाश को फ़ोकस करती है। एक सिनेमा हॉल में आप स्क्रीन पर दौड़ते हुए घोड़े, जंग और नाचती महिलाओं को देखते हैं। तुम दृश्य का ऐसे आनंद लेते हो जैसे कि वो असली हों। कोई अच्छा सीन आ गया तो कई लोग खुश हो जाते हैं और दुख भरे सीन आने पर रोते हैं, जबकि असल में स्क्रीन पर कुछ नहीं है सिवाय फिल्म की बड़ी की हुई तस्वीरों के। ऐसे ही अज्ञानी लोग अपने अंतर के मानसिक दृश्यों से खुश या दुखी होते हैं।

इसलिए नाम है ज्ञान, जानकारी और समभाव की प्राप्ति। यह अवस्था केवल अपने भीतर निरंतर खोज से प्राप्त होती है।

जीवन मुक्ति : जीते जी मुक्ति

एक

ऐ दयाल की माँ, जिसे तुम अपने भीतर देखती हो और जिसे तुम प्रेम करती हो, वो तुम्हारी अपनी ही रचना है, तुम्हारा अपना ही बच्चा है। तुम, ख़ुद ही, त्रिकुटी के अपने केंद्र में शिवब्रत लाल जी का रूप बना लेती हो, जबकि दूसरे भक्त उसी केंद्र में कृष्ण, राम, या देवी-देवताओं का इष्ट बना लेते हैं और उनके रूप का आनंद लेते हैं। इंसान बुनियादी तौर पर सच्चाई से अनजान है। माँ भाग्यवती एक अकेली मिसाल नहीं है। मैंने भी इसी अज्ञानता के कारण बहुत कष्ट उठाए। भाग्यवती का अँधेरा दूर करने के लिए हज़ूर उसे प्यार से माता कह के बुलाते थे; और मेरी अज्ञानता को दूर करने के लिए उन्होंने मुझे सत्संगियों की सेवा के लिए गुरुआई का यह काम दे दिया, ताकि मैं सच्चाई जान सकूँ। जब तुम अपनी सांसारिक इच्छाएं पूरी करने के लिए मेरा रूप बनाते हो और उस रूप से कई काम करवाते हो, मुझे उन घटनाओं का पता तक नहीं होता। मुझे हर रोज़ ऐसी चमत्कार वाली घटनाओं के बारे में सत्संगियों के बहुत से ख़त आते हैं। इस तरह के मामलों से मुझे यक़ीन हो गया कि मेरे अंतर में जो गुरु का रूप प्रकट होता था वो बाहर से नहीं आता था. वो मेरे अपने ही मन की रचना थी। मैं कहीं नहीं जाता, लेकिन मेरा रूप एक ही समय में कई जगहों पर प्रकट हो जाता है। इससे साबित होता है कि यह इंसान की अपनी रचना है, उसकी अपनी आस्था, अपना विश्वास और अपनी श्रद्धा है। हर व्यक्ति अपनी नीयत और दृढ़ विश्वास के अनुसार अपने अंतर में दृष्यों का आनंद लेता है।

दो

तुम्हारे अंतर में जो पावन रूप प्रकट होता है वो बाहरी गुरु या इष्ट का नहीं होता। वो तुम्हारा अपना आपा है। लेकिन तुम्हारी बुद्धि इस सच्चाई को समझ नहीं सकती क्योंकि तुमने यह विश्वास पक्का कर लिया हुआ है कि दाता दयाल या किसी देवी और देवता का जो रूप प्रकट होता है वो

असलियत है। तुम इसे अपने ध्यान का केंद्र बना लेते हो और उससे मिलने वाली खुशियों से जुड़े रहते हो। वो वस्तु जो गुरु या इष्ट को देखती है वो तुम्हारी अक़्ली समझ से परे है। तुम्हारे अपने भीतर प्रकाश और शब्द है; वो वस्तु जो प्रकाश को देखती है और शब्द को सुनती है वो तुम्हारा अपना आपा है। तुम्हारा अपना आपा ही प्रकाश और शब्द का आधार और मूल है।.. तुम्हारी बुद्धि तुम्हें सच्चाई का एहसास कराने में मदद नहीं कर सकती क्योंकि तुम्हारा अपना आपा तुम्हारी बुद्धि से पैदा नहीं हुआ, बल्कि तुम्हारी बुद्धि तुम्हारे अपने आपे से पैदा हुई है।

तीन

जब एक आदमी को ज्ञान हो जाता है कि जन्म लेना, मरना, खुशी या तकलीफ़ सभी उस मालिक का खेल (लीला) है तो वो अशांत नहीं होता। वो उस मालिक की इच्छा के अनुसार रहता है और खुशी प्राप्त करता है। यह जीवन-मुक्ति (जीते जी मुक्ति) की हालत है। मुझे लगता है कि हमारे संतों द्वारा अपनाया गया टेढ़ा तरीका (indirect method) इस बदलती दुनिया में अब ग़ैर-ज़रूरी हो गया है, इसलिए मैंने सच के डंडे का इस्तेमाल किया है। मेरा मिशन लोगों को खोखले लफ़्ज़ों में फंसाना नहीं है। यह भी बिल्कुल सच है कि कोरी सच्चाई सेंटर बनाने में मदद नहीं करती; उससे चेलों की गिनती नहीं बढ़ती। लेकिन कोई इस (सच्चाई) को समझे कैसे? सिर्फ यह ज्ञान हो जाने के बाद कि वो एक चेतन का बुलबुला है। चेतन का बुलबुला ख़ुद के योगी, साधु या ज्ञानी होने का दावा नहीं करेगा। अगर मुझे इस सच्चाई का पता न लगा होता तो हो सकता है मैं अपनी महानता के दावे करता था और तुमसे अपनी पूजा करवाता और तुमसे नाजायज़ फ़ायदा उठाता।

आदि (beginning) में मेरा रूप क्या था? मैं कहता हूं "मैं" की कोई हस्ती नहीं थी। एक उत्पत्ति के क्रम में मेरी हस्ती बन गई है। इस जिस्मानी शरीर में आने से पहले, मेरा मूल स्वरूप अनाम, निराकार, अलख, अकह, अपार और अगाध (profound) था। मैं उस अवस्था में चला गया जहाँ से "मैं" पैदा होती है। क्या अनाम और अलख बनकर मेरे पूँछ निकल आई?

क्या मैं चमत्कार करके दुखी मानव जाति का कुछ भला कर सकता हूं? नहीं। जो अपनी महानता का दावा कर सकते हैं, वो मानव जाति के भले के लिए कोई अच्छा काम करें। कौन दावे से कह सकता है कि भगवान अनामी या अलख है? इंसान सच्चाई की तलाश में है। जब उसका ध्यान (सुरत) अपने आपे में पहुँचता है या उसमें लय हो जाता है, तो वो खुद को अनामी महसूस करता है। वो अपने 'स्व' (Self) को अपार की हालत में खो देता है और उसकी खोज समाप्त हो जाती है। कौन जान सकता है कि इंसान क्या है? इसलिए, ऐ इंसान, किसी ने भी ईश्वर के बारे में कुछ नहीं जाना। मुख़्तलिफ़ धार्मिक फ़लसफ़ों के बनाने वालों को यह कहने का कोई अधिकार नहीं है कि वे कुछ बन गए हैं। पल्टू साहिब का अमरत्व कहाँ चला गया जब उसे उबलते तेल के कड़ाहे में फेंक दिया गया था? मेरे गुरु दाता दयाल उस (मालिक) की इच्छा के ख़िलाफ़ कुछ नहीं कर सके और अपने आश्रम, 'राधास्वामी धाम' को नहीं बचा सके। स्वामी परमहंस देव, जिनके प्रसाद में लाइलाज बीमारियों का इलाज करने की ताकत थी, वे ख़ुद कैंसर से मरे। रामचरितमानस लिखने वाले संत तुलसीदास को अपने आखिरी तीन साल के दौरान वो कठिनाइयाँ आईं कि कहना कठिन है। जाग! ऐ इंसान और मैं जो कहता हूँ वो समझ।

इस पृथ्वी पर कोई भी उस (मालिक) की इच्छा को टाल नहीं सकता और अपने कर्मों के फल से बच नहीं सकता। तुम्हें इन संतो और महात्माओं ने बेवकूफ़ बना कर बेरहमी से लूटा है। अपने आपे (Self) का ज्ञान तुम्हें कोई नहीं देता।

सवाल उठता है कि उस परम अवस्था में रहने वाला होने के नाते क्या मैं मानवता की भलाई के लिए कोई चमत्कारी बदलाव ला सकता हूं? नहीं, सब कुछ पहले से बदा (नियत) और निर्धारित है। मैं इसमें कोई दख़ल नहीं दे सकता न कोई बदलाव ला सकता हूं। कम से कम दो सौ बाँझ महिलाओं को, जिनको मासिक धर्म नहीं आता था, मेरे प्रसाद से बच्चे हो गए। उधर मेरी अपनी बेटी की शादी हुए चौदह साल हो चुके हैं, उसके कोई बच्चा नहीं है, मैंने उसे कई बार प्रसाद बना कर दिया। इससे क्या साबित होता है? किसी को आशीर्वाद देने वाला मैं नहीं हूँ। अगर ऐसा होता तो मेरी

बेटी को आशीर्वाद ज़रूर लगना चाहिए था। मैं सभी को शुभभावनाएं देने के अलावा और कुछ नहीं कर सकता। मेरा अहंकार ख़त्म हो गया।

चार

मैं चेतन के बुलबुले से ज्यादा कुछ नहीं हूं। मैं अभी तक उस धाम तक नहीं पहुँच पाया। वो परम सत्ता है और मैं उसका अंत नहीं पा सका। हो सकता है कि स्वामी जी, दाता दयाल जी, मोहम्मद और अन्य संत उस मुक़ाम पर पहुंचे हों या उसे जान गए हों, लेकिन मैं नहीं पहुँचा। 'किसी आत्म-शक्ति का वजूद होता है' का भाव ख़त्म हो गया और यहां तक कि मुक्ति और बंधन के ख़्याल भी ख़त्म हो गए।

मेरी उम्र अब काफ़ी हो गई है। इस फ़ानी संसार से देर-सवेर जाना है। लेकिन मैं जाऊँगा कहाँ? मैं समझ गया हूँ कि अगर मैं उस अनाम, निराकार और अगाध को याद रख सका, तो, अपनी हस्ती को खो कर उसमें लय हो जाऊँगा। लेकिन अगर मैं सांसारिक इच्छाओं या इस गुरुवाई में फंस गया, तो मैं नहीं कह सकता कि मेरा अंत क्या हो।

अब हम चले अमरपुरी ठारें टूरे टाट
आवन होय सो आइये सूली ऊपर बाट

उस अमर देस तक पहुँचने के लिए सभी सांसारिक लालसाओं, विचारों, इच्छाओं और आसक्तियों को दूर करना पड़ता है। अब संत मत में 'सूली चढ़ने' का क्या मतलब है? जब किसी को मौत की सज़ा देने के लिए सूली पर लटकाते हैं तो उसके गले में रस्सी बाँधी जाती है. उसके पैरों के नीचे से लकड़ी का तख़्ता हटा दिया जाता है और गले में केवल रस्सी के सहारे उसे हवा में लटका दिया जाता है जिससे उसका दम घुट जाता है और उसकी मौत हो जाती है। मुजरिम के शरीर को सूली की रस्सी के अलावा और कोई सहारा नहीं होता। इसी तरह, संत मत में, उस मालिक का घर सूली है। सुरत या Self को उसके सुमिरन, ध्यान और भजन के सहारे लटकाना चाहिए और बाद में प्रेम की डोरी के अलावा किसी अन्य इच्छा, लालसा, या सुमिरन, ध्यान और भजन के सहारे के बिना लटकाना चाहिए। मैं सूली शब्द का अर्थ यही समझता हूं।

79

ओ' फ़कीर इन सत्संगियों ने तुम्हें सूली पर लटकने का तरीका सिखाया है। सिर्फ़ इस एक ख़्याल ने, कि मेरा रूप अलग-अलग जगहों पर प्रकट होता है और मुझे पता नहीं होता, मेरी जिंदगी का तख़्ता बदल दिया।... मेरा अनुभव सिद्ध करता है कि योगी, ध्यानी, गुरु, शिष्य और यहाँ तक कि मुक्ति के अभिलाषी भी बंधन में हैं। बंधन का मतलब किसी चीज के साथ हमारी सुरत (attention) का लगाव है, चाहे वो चीज़ स्थूल, सूक्ष्म या कारण हो। ईश्वर के भक्त उसकी भक्ति से बंधे होते हैं और उसमें रमे होते हैं। वे भी बंधन में हैं; फ़र्क सिर्फ़ इतना है कि कुछ जुड़ाव खुशी देते हैं, जबकि दूसरे चिंता पैदा करते हैं।

वो लोग जो अपनी सांसारिक इच्छाओं की पूर्ति के लिए अपने मन की ताकत के साथ मेरा रूप बनाते हैं, उनकी सच्चाई जानने में कोई दिलचस्पी नहीं होती। उन्होंने अभी ख़ुद को सूली पर नहीं लटकाया क्योंकि उन्हें मेरे रूप का आसरा है, जबकि सूली पर आदमी को कोई आसरा नहीं होता। यह सबसे ऊँची अवस्था है।

पाँच

पहले-पहले मैं हज़ूर दाता दयाल जी को बहुत तंग किया करता था। एक दिन बहुत परेशान होकर, उस ज़ात पाक ने मुझे उनके साथ आगरा आने के लिए कहा ताकि वो मुझे अपने गुरु, राय सालिग्राम के स्मारक समाध (पीपल मंडी) पर चढ़ा आएँ। मैं सहमत हो गया। हम रेलवे स्टेशन पहुँचे और आगरा के लिए टिकट खरीदे। दाता दयाल ने फिर कहा, "मैं तुमको हज़ूर महाराज (राय सालिग राम) के चरणों में चढ़ा कर तुमसे आज़ाद हो जाऊंगा।" "क्या आप मुझे वापस नहीं लाएंगे?", मैंने विनयपूर्वक अपने गुरु से पूछा। "नहीं," ज़ात पाक ने जवाब दिया। तब मैंने कहा, "मैं आगरा नहीं जाऊंगा और आपको नहीं छोड़ूंगा।" टिकट लौटाने के बाद हम आश्रम आ गए। आश्रम में मेरे गुरु मेरे सत्गुरु ने मुझसे कहा, "फ़कीर, मैं अपने जीवन में केवल तीन बार हज़ूर महाराज के दरबार में गया था और सच्चाई को समझ लिया था। मुझे नहीं पता कि तुम क्यों नहीं समझ रहे हो?" मैंने फिर विनम्रता से पूछा, "हज़ूर महाराज ने आपको कैसे समझाया था?" मेरे गुरु ने जवाब

दिया, "मैंने हज़ूर महाराज से सवाल किया था कि यह दुनिया कैसे बनी।" मेरे गुरु ने मुझे कहा कि मैं उनको ध्यान से देखूँ। मैंने उनकी आज्ञा का पालन किया। उस ज़ात पाक ने अपना मुँह खोला और बंद किया और कहा, "यह सृष्टि है।" दाता दयाल जी ने जब यह घटना बयान की उस समय मैं इसे समझ नहीं पाया। लेकिन आज मैं समझता हूँ। "लब खुले और बंद हुए यह राज़-ए-ज़िंदगानी है।" अब मैं समझता हूं कि सभी निचले केंद्र (या सहसदल कंवल से भंवर गुफ़ा तक की आंतरिक अवस्थाएँ) असलियत नहीं हैं। ये भासते हैं।

मेरा भ्रम कैसे मिटा? पहला, इस अहसास ने कि मैं कहीं प्रकट नहीं होता, मेरे मन का अंधेरा दूर कर दिया। दूसरा, जब मैं शब्द और प्रकाश की अवस्था में जाता हूं तो मैं उस चीज़ को खोजने की कोशिश करता हूं जो प्रकाश को देखती है और शब्द को सुनती है। लेकिन मुझे उसका कोई अंत नहीं मिलता। वो अनंत है। मैंने क्या समझा? क्या उस अवस्था में जा कर मुझ में कोई ग़ैर-मामूली ताकत आ गई? नहीं। मैं ख़ुद अपनी बीमारियों का इलाज नहीं कर सकता। न तो मैं और न ही कोई अन्य संत कुछ कर सका और न ही कर सकता है। मैं इस नतीजे पर पहुँचा कि यह सब उस मालिक की मर्ज़ी पर है।

भेंटवार्ता (इंटरव्यू)

भेंटवार्ता

***संपादकीय नोट**: सांता बारबरा विश्वविद्यालय, कैलिफोर्निया में समाजशास्त्र और वैश्विक अध्ययन के प्रतिष्ठित प्रोफेसर मार्क जुर्गेंसमेयेर ने अगस्त 1978 में मानवता मंदिर में फ़कीर चंद जी से एक भेंटवार्ता की थी। हमीरपुर, हिमाचल प्रदेश के गवर्नमेंट कॉलेज के प्रो. भगत राम कमल ने साक्षात्कार को लिपिबद्ध किया और इसे- 'द मास्टर स्पीक्स टू द फॉरेनर्स' (The Master Speaks to the Foreigners)- शीर्षक के तहत प्रकाशित किया। निम्नलिखित संपादित संस्करण में सुधार (और स्पष्टीकरण) शामिल हैं जो मूल रूप से प्रकाशित साक्षात्कार में मौजूद नहीं थे।*

मार्क जुर्गेंसमेयेर: मैं यहां आया हूं, मैं रूहानी समझ में आपकी तरक्की के बारे में आपसे कुछ पूछना चाहता हूं। पहला, आप स्वामी शिवब्रत लाल के शिष्य थे?

फ़कीर चंद: हां, मैं महर्षि शिवब्रत लाल का शिष्य हूं। आपने हॉल में लगी उनकी मूर्ति देखी है। वो मेरे सतगुरु हैं। उनके सतगुरु राय साहिब सालिग राम थे, जो पोस्ट मास्टर जनरल थे। राय सालिग राम साहिब राधास्वामी शिव दयाल जी के शिष्य थे, लेकिन मैं खुले ख़्यालात का हूं। मेरा जन्म एक ब्राह्मण परिवार में हुआ था। 7 साल की उम्र से मुझ में एक अनजानी चीज़ की कुरेद थी जिसे मैं राम, कृष्ण या भगवान कहता था। अब मुझे लगता है कि वो अनजानी चीज़ जो मैं चाहता था या खोज रहा था वो थी शांति, लेकिन, उस समय, मैं राम, कृष्ण, भगवान या देवी की पूजा करता था।

मार्क जुर्गेंसमेयेर: वो जगह कहां थी? वो कौन सी जगह थी?

फ़कीर चंद: वो मेरा गांव भंजाल था, जो तब जिला होशियारपुर, पंजाब स्टेट में था। अपने माता-पिता के दिए ख़्यालों के अनुसार मैं बचपन से पूजा करता

था। जब मैं 16 साल का था तब मैंने नौकरी कर ली। मैंने सिर्फ़ मिडिल स्कूल की परीक्षा पास की। मेरे पिता रेलवे पुलिस में कांस्टेबल थे। वो मुझे ऊँची तालीम नहीं दे सकते थे। इसलिए मैंने संचार (कम्युनिकेशन) में नौकरी कर ली। वहां मैं सभी तरह के स्थायी इंस्पेक्टरों और ठेकेदारों से मिला। मैं कम्युनिकेशन सेक्शन में अकेला था। उन इंस्पेक्टरों और ठेकेदारों की संगत में मैं ग़लत रास्ते पर चला गया। मैंने 6 महीने तक मांस खाया, तीन बार रम पी, एक बार जुआ भी खेला और सवा रुपया हार गया और एक बार एक वेश्या के पास गया। आप समझ रहे हैं न कि मैं आपको क्या बता रहा हूं? 1905 में जब कांगड़ा घाटी में भूकंप से बर्बादी हुई थी तब से मेरे ख़्याल बदल गए। वेश्या के पास जाने के बाद मैंने अपने पिता को लिखा कि मैंने ये और ये ग़लत काम किए हैं, इसलिए मेहरबानी करके मेरी पत्नी को भेज दें। जब मेरी शादी हुई थी तब मैं सिर्फ़ 13 साल का था। उस समय मैं हिंदू फ़िलॉसॉफ़ी के अनुसार राम और कृष्ण के रूप का ध्यान करता था। जब मैं बगनवाला रेलवे स्टेशन पर असिस्टेंट स्टेशन मास्टर था, तब चाहे मैं काम कर रहा होता था या चल रहा होता था भगवान कृष्ण मेरे साथ हुआ करते थे।

मार्क जुर्गेंसमेयेर: क्या आप कभी किसी कृष्ण मंदिर में गए थे?

फ़कीर चंद: नहीं। मैं अपने मन में ही उससे प्रार्थना करता था। मैं कभी किसी जगह नहीं गया। एक बार मैं जा रहा था और मेरे आगे-आगे भगवान कृष्ण चल रहे थे। वहाँ ज़मीन पर गाय का गोबर पड़ा था। भगवान कृष्ण के उस रूप ने मुझे वो गोबर खाने को कहा। मैंने थोड़ा-सा गाय का गोबर लिया और खा लिया। जब मैं घर पहुंचा तो मैंने सोचा कि किसी भी धार्मिक पुस्तक में यह नहीं लिखा कि भगवान कृष्ण या राम की मूर्ति ने कभी किसी भक्त को गाय का गोबर खाने के लिए कहा हो। इसलिए मैंने सोचा कि यह असली कृष्ण नहीं हो सकता जिसने मुझे गाय का गोबर खाने के लिए कहा। क्योंकि मैं हिंदू हूं, और मुझे यह विचार दिया गया था कि भगवान समय-समय पर इंसानी रूप में जन्म लेते हैं, इस लिए मैंने उस भगवान से प्रार्थना करना शुरू कर दिया। मैं 24 घंटे तक लगातार रोते हुए भगवान से कहता रहा कि मैं उसे

इंसानी रूप में देखना चाहता हूं। 24 घंटे बाद एक डॉक्टर को बुलाया गया और मेरी जांच करने के बाद उसने कहा कि यह पागल हो गया है। लेकिन उस दिन सुबह 4:00 बजे जब मैं सोया हुआ था तब मेरे सत्गुरु [शिवब्रत लाल जी] का रूप मुझे दिखाई दिया। इससे मुझे विश्वास हो गया कि वो भगवान राम का अवतार थे। फिर मैं उन्हें हर हफ़्ते लगातार 10 महीने तक ख़त लिखता रहा। 10 महीनों के बाद उन्होंने मुझे लिखा, "फ़क़ीर, मुझे तुम्हारे ख़त मिलते रहते हैं। मैं तुम्हारी भावनाओं की क़द्र करता हूं। मुझे राधास्वामी मत के दायरे में राय सलिग राम साहिब से हक़ीक़त, सच्चाई, आनंद और शांति मिली है।"

मार्क जुर्गेंसमेयेर: उस समय महर्षि शिवब्रत लाल कहाँ थे?

फ़क़ीर चंद: वो उस समय लाहौर में थे। लेकिन अब दयाल का देहांत हो चुका है। अब उनकी केवल एक समाध है। मैं उनके पास लाहौर गया और उन्होंने मुझे राधास्वामी मत की शिक्षा-दीक्षा दी। लगभग 10 वर्ष बाद मैं पहले विश्वयुद्ध में विदेश गया। मैं अपने परिवार के बिना अकेला रहा, और मैंने बहुत सी साधनाएँ कीं जैसी हमारी धार्मिक पुस्तकों में लिखी गई हैं। मैंने अंतर में प्रकाश देखा और शब्द सुने, जैसे कि राधास्वामी मत के ग्रंथों में लिखे गए हैं। लेकिन मुझे शांति नहीं मिली, हालाँकि मुझे खुशी मिली। आप मुझे समझ रहे हैं? मुझे खुशी मिली; मुझे आनंद मिला; मुझे आंतरिक खुशी मिली और मुझे चमत्कारी शक्तियां भी मिलीं, लेकिन शांति नहीं मिली। तब मैं अपने सत्गुरु को परेशान करता था और पूछा करता था कि वो क्या चीज़ थी जिसकी बिनाः (authority) पर स्वामी जी और कबीर ने सभी धर्मों का खंडन किया था। क्योंकि राधास्वामी मत और कबीर के साहित्य में यह लिखा गया है कि संतों के सिवा किसी को भी सच्चाई का पता नहीं चला। उन्होंने कहा है कि राम और कृष्ण ब्रह्मांडी मन के अवतार थे, वास्तविक भगवान के नहीं। इन संतों ने यह भी दावा किया है कि मुसलमान भी वहां नहीं पहुंचे और ईसाई भी वहां नहीं पहुंचे। इसलिए मैं उस धार्मिक फ़लसफ़े को समझ नहीं पाया। एक बार मैं इराक़ से वार्षिक छुट्टी पर आया। मैं अपने सत्गुरु हज़ूर दाता दयाल जी महाराज के पास गया और उन्हें अपने प्यार से

बहुत परेशान किया। मैंने छाया की तरह हर जगह उनका पीछा किया। आख़िर उन्होंने कहा, "कल मुझे मिलो।" अगले दिन, जब मैं उनके पास गया, तो उन्होंने एक नारियल और पाँच पैसे मेरी गोद में रख दिए और कहा, "मैं तुम्हें हुक्म देता हूँ, मेरी आज्ञा मानो: तुम्हें असली गुरु के दर्शन सत्संगियों के रूप में होंगे।" मेरे सतगुरु ने मुझे यही कहा था।

मार्क जुर्गेंसमेयेर: राधास्वामी मत के अनुसार आप किन मुक़ामों या अवस्थाओं तक पहुँचे?

फ़कीर चंद: वहाँ अलग-अलग मुक़ाम, अलग-अलग रंग और अलग-अलग धुनें हैं। मैंने वो सब देखे। लेकिन मैं इन सभी आंतरिक अभ्यासों से संतुष्ट नहीं था। इसलिए उन्होंने मुझे यह काम दिया ताकि मुझे सच्चाई का पता लग जाए। जब मैं इस लाइन में गुरु के रूप में आया तो मेरी आंखें खुल गईं। क्यों? क्योंकि जो लोग मुझे अपना गुरु मानते हैं और जो लोग मुझे अपना मास्टर मानते हैं उनके अंतर मेरा रूप अभ्यास के दौरान, उनके सपनों में, यहां तक कि जाग्रत अवस्था में भी उन्हें दिखाई देता है और उनका मार्गदर्शन करता है, जबकि मैं इन सब से अनजान रहता हूं। आप मेरी बात समझ रहे हैं, मैं आपको क्या कह रहा हूं? मैं आपसे बहुत खुली बात करना चाहता हूं। आप शोध (रिसर्च) के लिए आए हैं। मैं आपको अपनी ज़ाती जिंदगी बता रहा हूं। हर रोज़ मुझे कई चिट्ठियाँ आती हैं। कुछ लोग लिखते हैं कि मैं एक मरते हुए आदमी को लेने हवाई जहाज में गया था; कुछ लोग कहते हैं कि मैं घोड़े पर आता हूं; और दूसरे लिखते हैं कि मैं किसी आदमी की मौत के वक्त पालकी में आता हूं, जबकि मैं कहीं नहीं जाता। अभ्यास में, स्वप्न में या जाग्रत में वे जो कुछ भी देखते हैं, उससे मुझे सिद्ध होता है कि हम जो कुछ अंतर में देखते हैं वो सूक्ष्म पदार्थ या भ्रम के अलावा कुछ नहीं है। मेरा ख़्याल है आप मेरी बात समझ रहे हैं।

मार्क जुर्गेंसमेयेर: हां, मैं समझ रहा हूं।

फ़कीर चंद: एक छात्र है। उनका कहना है कि जब वो साइंस का पेपर देने के लिए परीक्षा हॉल में गया तो उसे वो कठिन प्रश्नपत्र नहीं आता था। उसने मुझसे प्रार्थना की। मैं वहां प्रकट हुआ, डेस्क के नीचे बैठ गया, और उन

कठिन सवालों के जवाब उसे लिखवा दिए। छात्र को 100 में से 98 अंक मिले। सच्चाई यह है कि मैं खुद साइंस नहीं जानता, न ही मैं उसके परीक्षा हॉल में गया। लगभग पांच दिन पहले एक महिला ने मुझे दो पैक सेब और कुछ दूसरे फल भेजे, एक चिट्ठी साथ में थी कि वो कश्मीर में एक नदी में नहा रही थी। अचानक पानी की एक लहर आई और उसे 10 या 15 ग़ज़ दूर ले गई। वो लिखती है कि जब वो डूब रही थी तो मैं वहाँ प्रकट हुआ, उसका हाथ पकड़ा, और उसे नदी से बाहर लाया और उसे कहा, "तुम्हें अभी बहुत काम करना है।" अब वो अपनी चिट्ठी में मुझे लिखती है कि मैं उसे बताऊँ कि उसे क्या काम करना है? अब न तो मैं उसे बचाने के लिए वहां गया और न ही मैंने उसे बताया कि उसे अभी बहुत काम करना है। यह वो रहस्य है जिसे सभी धर्मों और यहां तक कि राधास्वामी मत के गुरुओं ने भी छिपा कर रखा है। उन्होंने जनता को अंधेरे में रखा। उन्होंने हमारा शोषण किया है; उन्होंने हमें लूट लिया; उन्होंने हमें धोखा दिया और उन्होंने हमें यह कहकर धोखा दिया है कि वे जाते हैं (प्रकट होते हैं), जबकि वे ना कहीं ख़ुद प्रकट होते हैं ना कहीं जाते हैं। वे मेरे सामने इस सच्चाई को मानते हैं।... मेरे अपने गुरु भाई, भाई नंदू सिंह मुझसे सहमत थे। अब उसका देहांत हो चुका है और उसके स्थान पर श्री आनंद राव आंध्र प्रदेश में काम कर रहे हैं। इसलिए, इन सभी अनुभवों से, मुझे पता चला कि हम जो कुछ भी अपने इष्ट के रूप में देखते हैं वो हमारे अपने कर्मों पर निर्भर करता है। यदि किसी का मन शुद्ध है तो प्रकट हुए इष्ट से जो उत्तर मिलेगा वह सच होगा। लेकिन अगर किसी का मन शुद्ध नहीं है तो जवाब ग़लत होगा और इस बात की पूरी संभावना है कि यदि आपका मन शुद्ध नहीं है तो वो इष्ट आपको ज़िंदगी के ग़लत रास्ते पर ले जाएगा।

इस उम्र में अब मैं प्रकाश और शब्द का साधन करता हूं। और मैं यह जानने की कोशिश करता हूं, कि प्रकाश को कौन देखता है और शब्द को कौन सुनता है। कभी-कभी दो या तीन महीने बाद जब मैं गहरे ध्यान में जाता हूं तो मेरा "सेल्फ" प्रकाश और शब्द से अलग हो जाता है। वहाँ मैं अपनी हस्ती खो देता हूँ। मैं भूल जाता हूं कि मैं कौन हूं। मैं ईश्वर के बारे में

कुछ नहीं जानता, मैं अपने गुरु के बारे में कुछ नहीं जानता और मैं अपने स्वयं के बारे में भी कुछ नहीं जानता। ऐसे तमाम अनुभवों से मैं इस नतीजे पर पहुंचा हूं कि मैं कौन हूं? मैं सुपरमोस्ट चेतना (Spermost Consciousness) का बुलबुला हूं। यही मेरा अनुभव है। यही मुझे मिला है। अब मुझे लगता है कि एक, अनंत, सुपरमोस्ट एलीमेंट (परम तत्त्व) है। जब उसमें हरकत होती है तो शब्द और प्रकाश पैदा होते हैं और उस प्रकाश और शब्द से यह सृष्टि बनती है। इस प्रकाश और शब्द से कॉस्मिक किरणें और कई अन्य प्रकार की किरणें निकलती हैं और ये सभी स्थूल पदार्थ बनते हैं। तो यह उस सर्वाधार की इच्छा है। सब कुछ उससे निकल रहा है और उसमें वापस लय हो रहा है। हमारे अंदर अहंकार है और यह हमें यह या वह करने के लिए प्रेरित करता है। हमारे अंदर चार तरह के अहंकार हैं: 1. शारीरिक रूप का अहंकार; 2. मानसिक रूप का अहंकार; 3. प्रकाश रूप का अहंकार; और, 4. शब्द रूप का अहंकार। मैं ख़ुद से पूछता हूं, मुझे क्या हासिल हुआ है? शुरुआत में ख़ामोशी और आख़िर में ख़ामोशी। जो भी हो रहा है, वो सब उसकी मर्ज़ी है। हर दार्शनिक या संत ने आकर जो अंतर में ज्ञान की खोज की, उसने अपना अनुभव लिखा। लेकिन उनके अनुयायियों ने शोहरत और नाम कमाने और धन इकट्ठा करने के लिए इसे आम जनता से गुप्त रखा। हालांकि पहले इसे गुप्त रखना ज़रूरी था, अब ज़रूरी नहीं है। आज मानवता को विभिन्न संप्रदायों और धर्मों में बाँट दिया गया है। दुनिया में हर दिन सांप्रदायिक झगड़े होते हैं। हिंदू और मुसलमान लड़ रहे हैं और अरब और यहूदी लड़ रहे हैं। इसलिए, भेद जानने के बाद, मैंने Be Man का नारा बुलंद किया। क्यों? मेरे सत्गुरु ने मुझसे कहा था, "चोला छोड़ने से पहले तालीम को बदल जाना।" इसलिए मैंने तालीम को बदल दिया। इस पृथ्वी पर चाहे कोई हो, चाहे ईसा हो, राधास्वामी हो, कबीर हो या कोई भी हो - किसी को भी यह कहने का अधिकार नहीं है कि वो वास्तिविकता को पूरी तरह समझ चुका है। वह शक्ति बड़ी से बड़ी से बड़ी और बड़ी है। हमारी इंद्रियां वहां नहीं पहुंच सकतीं। मैंने यह समझा है। इसलिए मैं अपना जीवन दूसरों की मदद करने, गरीबों की सेवा करने और सच्चाई का प्रचार करने में ग़ुज़ारता हूं। मेरे

यहाँ तीन फ़्री अस्पताल हैं। आम जनता को मैं सुखी जीवन जीने की कला सिखाता हूँ। तुम सोते हो और तुम स्वप्न की स्थिति में चले जाते हो। सपने में तुमको किसी पर गुस्सा आता है। तुम उसे सपने में मारते हो। स्वप्न की उस अवस्था में तुम्हारा हाथ हिल जाता है। तुम्हें सपने में डर लगता है और तुम बोलते हो और तुम्हारी जीभ बड़बड़ाती है। तुम अपने सपने में एक औरत को बना लेते हो और उसके साथ भोग करते हो। तुम्हारा वीर्य निकल जाता है। ये तुम्हारे सपनों के विचारों के प्रभाव हैं, जो तुम्हारे कंट्रोल में नहीं हैं। यह साबित करता है कि तुम्हारे मन के ख़्यालात में तुम्हारे शरीर पर असर डालने की ताक़त है।

जाग्रत अवस्था में हम दूसरों से घृणा करते हैं और दूसरों से दुश्मनी रखते हैं। यह सब हम अपनी मर्ज़ी से जागते हुए करते हैं, इसका असर हम पर ज़रूर होना चाहिए। मैंने तुमको यह साबित कर दिया कि यदि हमारे वो विचार जिन पर हमारा वश नहीं है वो हमारे शरीर पर असर कर सकते हैं, तो जो विचार हम जानते-बूझते हुए करते हैं उनका असर हमारे ऊपर क्यों नहीं होगा? इसलिए मैं ख़ुद जो करता हूं वही दूसरों को अपनी ज़िंदगी में अपनाने की सलाह देता हूं। हमेशा आशावादी रहो। अपने ज़ाती फ़ायदे के लिए दूसरों को नुकसान मत पहुँचाओ। दूसरों के बारे में बुरा मत सोचो। यह एक चीज़ है जिसका मैं प्रचार करता हूं। दूसरे, अगर कोई चाहता है कि वो इस धरती पर फिर से किसी भी रूप में या किसी अन्य जून में न आए, तो ऐसे लोगों के लिए मेरे पास ये है [खुला रहस्य]।

मार्क जुर्गंसमेयेर: वह सच्चाई क्या है?

फ़कीर चंद: जब मैं अकेला होता हूं तो मैं खुद से पूछता हूं, "तुम्हें क्या हासिल हुआ?" मुझे कुछ नहीं मिला और मुझे सब कुछ मिला है। मुझे कुछ हासिल करने की अब कोई इच्छा नहीं है। क्योंकि मुझे यह ज्ञान हो गया है कि मैं परम चेतना का बुलबुला हूं। उस सुप्रीम पावर ने इस ब्रह्मांड को बनाया है। कुछ विचार हम बाहर से लेते हैं और कुछ भीतर से पैदा हो जाते हैं। जीवन एक सपने के सिवाय कुछ नहीं है। सिर्फ़ एक सच्चाई है, जो हमेशा एक है और सिर्फ़ एक है। यह ज्ञान हो जाने के बाद मुझे शांति मिली है। अपने

पिछले कर्मों के कारण मैं अभी भी जीवित हूँ; मुझे नहीं पता कि वो शक्ति कब तक मुझे इस शरीर में रखेगी। मेरी केवल एक ही इच्छा है कि मेरे मरने के बाद, अगर मैं कहीं जाऊं, तो मैं दुनिया को बता सकूं कि मौत के बाद मेरे साथ क्या होता है। यही मेरी एकमात्र इच्छा है।

मार्क जुर्गेंसमेयेर: आपको क्या लगता है कि आप मृत्यु के बाद कहां जाएंगे?

फ़कीर चंद: जहाँ तक मेरे अनुभव ज्ञान का सवाल है, बुलबुला सागर में मिल जाएगा। प्रकाश में प्रकाश विलीन हो जाएगा। लेकिन मैंने जो भी सोचा है और जो कुछ भी मैंने कहा है वो इस ब्रह्मांड में रहेगा। क्योंकि तत्त्व कभी नष्ट नहीं होता। अब मैं जो भी बात कह रहा हूं, वह इस कमरे में रहेगी।

मार्क जुर्गेंसमेयेर: जब आप शुद्धतम ध्वनि (purest sound) सुनते हैं और शुद्धतम प्रकाश को देखते हैं, तो उस शुद्ध प्रकाश का रंग क्या होता है?

फ़कीर चंद: वो प्रकाश सफ़ेद है। अंतर में अलग-अलग प्रकार और रंग की रोशनी होती हैं। सुबह जैसे ही सूरज चमकता है वो लाल दिखता है। शाम को जब यह डूबता है तो हम इसे फिर से लाल देखते हैं। यह बादलों, धूल और अन्य कणों के कारण होता है जो आकाश में होते हैं जिससे हमें सूरज लाल दिखता है, वरना सूरज लाल नहीं है। यह पूरा सफ़ेद है। इसी प्रकार आत्मा का लाल प्रकाश सफ़ेद है। चूँकि हमारी इच्छाएं हैं वो हमारी आत्मा को ढंक लेती हैं और प्रकाश (का रंग) सांसारिक वस्तुओं की इच्छाओं के अनुसार अलग होता है।

मार्क जुर्गेंसमेयेर: शुद्धतम प्रकाश सफ़ेद होता है?

फ़कीर चंद: मैं नहीं कह सकता कि यह सफ़ेद था। लेकिन मैं कह सकता हूं कि यह [रंग के शाब्दिक अर्थ के रूप में] सफ़ेद से अधिक है।

मार्क जुर्गेंसमेयेर: और शब्द?

फ़कीर चंद: हाँ, शब्द, मैं घंटों का शब्द सुनता था, बादलों की गड़गड़ाहट और वीणा। लेकिन अब मैं सिर्फ़ एक शब्द सुनता हूं, जो एक अटूट धुन है, जिसके बारे में मैं कोई लफ़्ज़ नहीं कह सकता। वो वही है जो वो है। लेकिन इससे मुझे क्या मिलता है? इससे शांति और आनंद मिलता है। अब 92 साल की इस उम्र में मैं शब्द और प्रकाश की भी परवाह नहीं करता। क्यों? क्योंकि

प्रकाश को मेरा आपा [self] देखता है और शब्द को आपा [Self] सुनता है। फिर मुख्य कौन है? प्रकाश या शब्द या वो जो इसे देखता है और इसे सुनता है? मुख्य कौन है? प्रकाश मुख्य है या "मैं" [ज्ञानातीत स्व के तौर पर] मुख्य हूँ? ध्वनि मुख्य है या मैं मुख्य हूं? मेरे शरीर में चेतना का जो परम तत्त्व है वो मेरा अपना आपा (स्व, self) है। अगर वो नहीं है तो ध्वनि के कोई मायने नहीं और प्रकाश के मेरे लिए कोई मायने नहीं। मैंने यही जाना है। भाई, मुझे अपने बारे में नहीं पता, मेरा अंत क्या होगा। आप अमेरिका से आए हैं। मैंने जो भी अनुभव किया है वो आपको बता दिया।

अब, ज़िंदगी के लंबे अनुभव के बाद, मुझे लगता है कि पहले के ज़्यादातर महात्माओं और वर्तमान गुरुओं ने उस सच्चाई का रहस्य छिपा कर/गुप्त रख कर जनता के साथ अन्याय किया है और अक्सर उनका नाजायज़ फ़ायदा उठाया है। उन्होंने लोगों की अज्ञानता का नाजायज़ फ़ायदा उठाया है। उन्होंने अपनी बड़ी-बड़ी इमारतें बनाई हैं। उन्होंने अपने लिए एयरकंडिशंड कमरे बनवाए हैं। ये गुरु ख़ुद आनंद लेते हैं और गरीब लोग अपनी अज्ञानता के कारण अपनी और अपने बच्चों की सुख-सुविधा का पैसा उन गुरुओं को दे आते हैं। मैं इस बात से इनकार नहीं करता कि मुझे दान मिलता है, लेकिन मैं निजी तौर पर इस दान में से एक पैसा भी अपने लिए इस्तेमाल नहीं करता। मेरा अपना बेटा अच्छी नौकरी में है। उसकी महीने की तन्ख़ाह 2500 रुपए है। वो एक बड़ा metallurgist (धातु विज्ञानी) है, रूस से पढ़ कर आया है।

मार्क जुर्गेंसमेयेर: हाँ, वे क्या करते हैं?

फ़कीर चंद: वो भिलाई स्टील प्लांट में मेटलर्जिस्ट है। इसलिए मेरे पास कमाई का अपना साधन है। यहां दान के रूप में जो कुछ भी आता है वो बीमार गरीबों के लिए और मंदिर द्वारा छापे गए प्रकाशनों पर खर्च किया जाता है। मेरा साहित्य मुफ़्त वितरित किया जाता है। हर रोज़ मुझे बहुत-सी चिट्ठियाँ आती हैं और कुछ लोग लिखते हैं कि मेरा रूप उन्होंने देखा है और उनके लिए एक चमत्कार किया है। लेकिन मैं उस सब से बेख़बर हूं। मैं कभी-

कभी किसी से जो कह देता हूं वो सच हो जाता है, और वो सोचता है कि मैंने किया है। लेकिन यह ग़लत है। मैंने नहीं किया है।

मार्क जुर्गेंसमेयेर: तो क्या गुरु करना चाहिए?

फ़कीर चंद: गुरु का अर्थ है ज्ञान; गुरु के बिना हम कुछ भी हासिल नहीं कर सकते। हमारी माँ हमारी गुरु है, हमारा पिता हमारा गुरु है, हमारा दोस्त हमारा गुरु है और हमारे आस-पास की दुनिया हमारा गुरु है। लेकिन वास्तविक गुरु वो है जो हमारे आपे (Self) को इस दुनिया के बंधन से आज़ाद करता है, उसे सत्गुरु कहा जाता है। और असली ज्ञान की प्राप्ति के लिए सत्गुरु को एक पूर्ण पुरुष होना चाहिए। आजकल यह गुरुवाई कमाई का साधन बन गई है।

मार्क जुर्गेंसमेयेर: आप जानते हैं, कुछ लोग कहते हैं कि विज्ञान भी एक गुरु है।

फ़कीर चंद: हाँ, विज्ञान भी एक गुरु है। लेकिन माफ़ करना, जब तक आपको इसके बारे में समझाने वाला कोई नहीं है, आप इसके बारे में कुछ नहीं समझेंगे। इसलिए, बाहरी गुरु सबसे ज़रूरी और अहम है। हालाँकि छात्र में ज्ञान होता है, वो उस शिक्षक या प्रोफ़ेसर के बिना उसकी प्राप्ति नहीं कर सकता जो उसे सिखाता है और इस क़ाबिल बनाता है कि वो उस ज्ञान को महसूस कर ले जो उस छात्र के भीतर है। लेकिन अगर छात्र का दिमाग़ ही क़ाबिल और ग्रहण करने योग्य नहीं है तो शिक्षक या प्रोफ़ेसर कुछ भी कर ले, वो उसे समझ नहीं सकता। हां, आप और कुछ पूछना चाहते हैं?

मार्क जुर्गेंसमेयेर: ठीक है, आपके बाद, कोई अन्य गुरु होगा?

फ़कीर चंद: मुझे इस बारे में कुछ कहने का हक़ नहीं है, लेकिन मैं आपको बता सकता हूं कि जहां डिमांड है वहां सप्लाई है। यह कुदरत का नियम है। जब पब्लिक को तकलीफ़ें आएँगी तब वो शांति की तलाश करेगी, तो कुदरत बहुत सारे गुरु पैदा कर देगी। आप जानते हैं, अलग-अलग तरह के दिमाग़ होते हैं। अगर कोई दुर्घटना हो जाती है, तो कुछ लोग पीड़ितों को लूटने के लिए उस स्थान पर आ जाते हैं, कुछ वहां भोजन देने आ जाते हैं, कुछ वहां मेडिकल सहायता देने आ जाते हैं, कुछ दूसरे लोग दुर्घटना के कारण जानने

के लिए आ जाते हैं और हादसे के ज़िम्मेवार आदमी को पकड़ते हैं, और कुछ दूसरे लोग वहां ऐसे तरीकों और साधनों का पता लगाने जाते हैं ताकि वैसी दुर्घटनाएं फिर से न हों। बड़े-बड़े दिमाग़ वाले लोग इस मानवता की इच्छाओं और उनकी ज़रूरतों के अनुसार आते हैं। सभी महान संत जैसे महावीर और बुद्ध और दूसरे संत समय की मांग के अनुसार आते हैं। यह उस मालिक की मर्ज़ी पर है। मैं पक्के तौर पर नहीं कह सकता, लेकिन यह कह सकता हूं कि जब बहुत अधिक गर्मी होती है, तो अपने आप तूफ़ान और बारिश आती है। अगर बहुत ठंड हो, तो कुदरत अपने आप गर्मी लाती है।

यह कुदरती तौर पर होता रहता है जिसके बारे में केवल 'वो' जानता है। मेरे बारे में, मुझ से जुड़े इतने सारे चमत्कार हैं कि अगर मैं सब के बारे में लिखूं तो एक बड़ी किताब बन जाएगी। लेकिन मैं अपनी पूरी इमानदारी से कहता हूं कि मैं ऐसे कोई भी चमत्कार नहीं करता। यह उस आदमी की किस्मत है या उसका विश्वास है। मुझे मानने वाले कुछ सत्संगी मुसीबत आने पर मुझे याद करते हैं, मेरा रूप उन्हें प्रकट होता है और उनकी मदद करता है और वे मुझे लिखते हैं, जबकि ख़ुद मुझे पता नहीं होता। तो इस सब से मुझे मालूम हुआ कि हर आदमी पूर्ण है। स्वयं के प्रति सच्चे बनो। यही मेरा धर्म है। अपने निजी फ़ायदे के लिए किसी को हानि पहुंचाने के बारे में सपने में भी न सोचो। यही अकेला धर्म है जिसका मुझे प्रचार करना है; फिर यह विश्वास रखें कि एक बहुत बड़ी कोई ताक़त है। किसी भी रूप में तुम उसे प्रेम कर सकते हो या पसंद कर सकते हो जैसे - यीशु मसीह, राम, कृष्ण, फ़कीर चंद या बाबा चरण सिंह या कोई और। बस एक पर विश्वास रखो। न तो कोई [संत] तुम्हारी मदद करता है और न ही फ़कीर चंद आपकी मदद करता है। यह तुम्हारी अपनी श्रद्धा है तुम्हारा अपना विश्वास है, जो तुम्हारी मदद करता है। …

ठीक है, प्यारे मार्क, मैं नहीं जानता कि मैंने जो समझा है वो सही है या ग़लत है। मैं यह दावा नहीं करता कि मैं सही हूं, लेकिन मैंने अपनी ज़िंदगी को बहुत पाक़ साफ़ रखा है। मैं अपने मां-बाप के प्रति सच्चा रहा और अपने अफ़सरों के प्रति सच्चा रहा।

मैं एक रिटायर्ड फ़ौजी हूं। एक लंबी खोज के बाद मैंने जो महसूस किया है वो यह है कि किसी को भी अपने निजी फ़ायदे के लिए किसी के बारे में बुरा नहीं सोचना चाहिए और न ही किसी का नुकसान करना चाहिए। दूसरे, केवल एक रूप में विश्वास रखना चाहिए, यह किसी भी भगवान, देवी या गुरु का हो सकता है। रूप के बिना कोई भी लक्ष्य तक नहीं पहुंच सकता। उदाहरण के लिए, आपके पास जुनून है, जब तक आप किसी महिला को अपनी पत्नी नहीं मानते हैं, आप अपने जुनून का आनंद नहीं ले सकते। यदि आपको अपना लालच पूरा करना है, तो जब तक कि आप सोने या पैसे के रूप में किसी चीज़ पर विश्वास नहीं करते, तो आप खुशी महसूस नहीं कर सकते। यही बात आसक्ति के बारे में है। यदि आप किसी को अपना बेटा या बेटी नहीं मानते हैं, तो आप आसक्ति की भावनाओं का आनंद नहीं ले सकते। इसलिए, यदि आप उस आख़िरी मुकाम तक पहुँचना चाहते हैं, तो आप एक रूप पर विश्वास रखो और उसे पूर्ण मानो।

इसलिए क्राइस्ट, राम, कृष्ण या गुरु की पूजा सबसे ज़रूरी है। शुरुआत में यह बहुत ज़रूरी है। लोग मुझे संत या बहुत 'पहुँचा हुआ' मानते हैं। उनका विश्वास उन्हें अपनी मुश्किलों को हल करने में मदद करता है, जबकि मैं उन चीजों के बारे में जानता तक नहीं हूं। इससे साबित होता है कि सब कुछ आपके अंतर में है न कि बाहर। राधास्वामी मत, या संत मत, आदमी को यह ज्ञान देता है कि सब कुछ आपके अंतर में है न कि बाहर। मैं यह नहीं कहता कि मेरी खोज फ़ाइनल है। सच्चाई किसी को पता नहीं। जैसी करनी वैसी भरनी। यह वो नियम है जो इस संसार (globe) को नियंत्रित करता है। सब कुछ आपकी अपनी सोच पर निर्भर करता है।

मार्क जुर्गेंसमेयेर: क्या स्वामी शिवब्रत लाल के कुछ और भी शिष्य हैं?

फ़क़ीर चंद: हाँ, कुछ हैं.

मार्क जुर्गेंसमेयेर: क्या वे भी यही उपदेश देते हैं जो आप देते हैं?

फ़क़ीर चंद: आप देखो, जिस ऊंचाई से मैं बोलता हूँ वहाँ से हर कोई नहीं बोल सकता। क्यों? क्योंकि मुझे कोई लगाव नहीं है। मुझे इज़्ज़त, पैसा या शोहरत नहीं चाहिए। यह संस्था सरकार से मान्यता प्राप्त एक रजिस्टर्ड ट्रस्ट

है। यहाँ कोई जो कुछ भी देता है वह जनता के हित के लिए खर्च किया जाता है। वे गुरु, जिनका निजी स्वार्थ होता है, वे अलग-अलग तरीके से बातें कहते हैं। मेरा दायरा बहुत बड़ा नहीं है। मेरे पास केवल पढ़े-लिखे लोग और वे लोग आते हैं जिन्होंने अपना जीवन ध्यान या साधना में बिताया है। शुरुआत करने वालों के लिए मेरी शिक्षा माकूल नहीं है। मैं जानता हूँ। लेकिन मैं अब A.B.C. नहीं सिखा सकता। वो मेरे वश में नहीं। मेरे पास प्रोफेसर, शिक्षक, डॉक्टर और जज ही आते हैं, क्योंकि वे समझते हैं कि मैं क्या कहता हूं। हम में से हर कोई चेतन का बुलबुला है। लेकिन इसमें अहंकार है। शरीर का अहंकार, मन का अहंकार, आत्मा का अहंकार और सुरत का अहंकार। जब यह अहंकार चला जाता है तो बाकी क्या रह जाता है? शुरू में ख़ामोशी और आख़िर में ख़ामोशी। अपनी ज़िंदगी खुशी से गुजारें।

मार्क जुर्गेंसमेयेर: क्या महिलाओं को आत्म-ज्ञान में कोई कठिनाई होती है?

फ़कीर चंद: यह मैं नहीं कह सकता। महिलाओं को ख़ुद पता होगा। साफ़ बात है। वे अपनी कठिनाइयों के बारे में बेहतर जानती हैं, लेकिन मैं आपको एक बात बता सकता हूं। वो जो सेक्स में ज्यादा लिप्त होता है वह वास्तविकता का एहसास नहीं कर पाता। यह मेरी अंतिम खोज है। पिछली बार यही बात मैंने अमरीकियों से कही थी और यही मैं फिर उन्हें कहूँगा।

मार्क जुर्गेंसमेयेर: इसका मतलब है कि महिलाओं को कोई कठिनाई नहीं है।

फ़कीर चंद: नहीं, स्त्री और पुरुष की आत्मा एक ही है। जब शारीरिक रूप की बात आती है तभी अंतर होता है। कोई आत्मा एक महिला या पत्नी के रूप में आती है और दूसरी आत्मा पुरुष या पति के रूप में आती है। नया विज्ञान कई पुरानी बातों को बेकार साबित कर रहा है। समझने का तरीका अब अलग है। पढ़े-लिखे लोग और वैज्ञानिक आजकल धर्म पर आंख मूंदकर विश्वास नहीं करेंगे जैसा कि हम पहले विश्वास करते रहे हैं। मैं निर्भय हो कर सच्चाई कहता हूँ, किसी बात से नहीं डरता। पिछली बार जब मैं अमेरिका गया था तो मैंने A.R.E. (Association for Research and Enlightenment) नामक रिसर्च एसोसिएशन में तक़रीबन एक हज़ार

अमेरिकियों को लेक्चर दिया था। और उनसे कहा: "आप कहते हैं कि यीशु मसीह परमेश्वर का पुत्र था; यह केवल यीशु मसीह नहीं था जो परमेश्वर का पुत्र था, हम सभी परमेश्वर के पुत्र हैं।" मैंने आगे कहा कि "बाइबल में [यह कहा गया है कि] पृथ्वी समतल है, जबकि वैज्ञानिकों ने साबित किया है कि पृथ्वी गोल है। इस तथ्य को साबित करने वाले पहले वैज्ञानिक को फांसी दी गई थी।" जब मैं यह बता रहा था तो मेरा दोस्त डॉक्टर आई.सी. शर्मा [फ़कीर चंद के दिवंगत उत्तराधिकारी] ने मेरे पाँव पर धीरे-से छू कर इशारा किया, ताकि मैं सच्चाई न कहूँ। लेकिन मैंने कहा कि यह सत्य है, और मैं सच क्यों न बोलूँ?

यहां तक कि हमारे भगवान कृष्ण, जिन्हें हिंदुओं में भगवान का अवतार माना जाता है, अपनी आँखों के सामने शराबी हुए और एक दूसरे के ख़िलाफ़ लड़ रहे अपने सभी बेटों और पोतों को खो दिया। कृष्ण क्या कर सकते थे? हर इंसान को अपने कर्मों का फल ज़रूर भोगना पड़ता है। वो कोई पैग़ंबर हो, संत या कोई और हो। यहां तक कि ये अवतार भी अपने कर्मों के कारण हुए कष्टों से बच नहीं सके। यहां तक कि बहुत से महापुरुषों की तकलीफ़देह मौत हुई। मैं अपने बारे में नहीं जानता कि मैं कैसे मरूंगा। हालांकि 92 साल की इस उम्र में मैं कइयों से बेहतर हूं। मेरे रूहानी गुरु ने मुझे तालीम बदलने के लिए कहा था। मुझे नहीं पता कि मुझे क्या बदलना चाहिए। उन्होंने मुझे 'मनुष्य बनो' की आवाज़ उठाने के लिए कभी नहीं कहा। उन्होंने मुझे कभी यह लाइब्रेरी खोलने के लिए नहीं कहा। उन्होंने मुझे सिर्फ़ यही कहा, "तालीम को बदल जाना।" तो मैंने जो समझा है, अगर किसी को इसकी परवा है, तो करे, और अगर नहीं है तो न करे। अगर कोई मेरा साहित्य पढ़ना चाहता है, तो पढ़े। मुझे परवा नहीं। अगर कोई ग़रीबों की मदद के लिए यहां कुछ दान देना चाहता है, तो दे, और अगर कोई नहीं देता है, तो न दे। अपने खर्चे के लिए मेरे पास अपने ज़रिए हैं। रहने कि लिए मेरे पास अपना घर है।

पिछली बार मैं कुछ दिनों के लिए बीमार पड़ा था तब मैं यहाँ इस कमरे में रहा। जब मैं घर गया तो मैंने इस कमरे के किराए के रूप में मंदिर

को 45 रुपये दिए। मैं ग़लत हो सकता हूँ मेरे दोस्त। यह संभव है, लेकिन मेरा ज़मीर साफ़ है। मैं अपने "Self" के प्रति सच्चा हूँ। अन्य डेरों में लोग पेड़-पौधे लगाने और दूसरे कामों के लिए चेलों से सेवा लेते हैं। लेकिन मैं यहां कभी किसी से ऐसे काम नहीं लेता। यदि कोई अपनी मर्ज़ी से कोई सेवा करना चाहता है, तो करे। लेकिन मैं उन्हें कहना नहीं चाहता।

मार्क जुर्गेंसमेयेर: वर्जीनिया से एक फ्रेम की हुई चिट्ठी है। क्या वे आपको अपना गुरु मानते हैं?

फ़क़ीर चंद: हाँ, वे मुझ से बहुत प्रेम रखते हैं.

मार्क जुर्गेंसमेयेर: लेकिन आप गुरु नहीं बनना चाहते हैं?

फ़क़ीर चंद: मैंने कभी लोगों को उस तरह नामदान नहीं दिया जिस तरह दूसरे देते हैं। मैं अपने सत्संगों में जो कहता हूं वही "नाम" या नामदान है। जिन लोगों का मुझ पर विश्वास है वो मुझ से मश्वरा ले जाते हैं और उस पर अमल करते हैं। उन्हें फ़ायदा होता है। यदि कोई सच्चे दिल से किसी इच्छा के साथ मेरे पास आता है, तो मैं चाहता हूं कि उसकी इच्छा पूरी हो जाए।

मार्क जुर्गेंसमेयेर: राधास्वामी शब्द का महत्व क्या है?

फ़क़ीर चंद: राधा हमारी आद सुरत है; स्वामी वो जगह है जहाँ से यह आई है। राधा असल Self है, जो न शरीर है, न मन, न प्रकाश और न ही शब्द है। उस सुरत के वापस अपने मूल में जाने और सुरत के अपने मूल में फिर से लय हो जाने की हालत को राधास्वामी कहा जाता है, यही मैंने समझा है।

मार्क जुर्गेंसमेयेर: ध्यान के लिए, क्या यह शब्द एक मंत्र है?

फ़क़ीर चंद: पहले किसी को ऐसा ध्यान करना चाहिए जो ध्यान को भौतिक इंद्रियों से दूर ले जाए। गुरु ने अपने शिष्य को जो नाम दिया है उसके सुमिरन को अभ्यास कहा जाता है। तो उस नाम का सुमिरन करते हुए, जीभ से नहीं, बल्कि मन से, यहाँ भौहों के बीच, आप शारीरिक इंद्रियों से ऊपर जाते हैं, जैसे कि आप सोते समय ऊपर सपने में जाते हैं। फिर मन का मंडल आता है, जहां से विचार निकलते हैं। जैसे-जैसे सोचने की प्रक्रिया शुरू होती है, कई तरह के चित्र और दृश्य हमारे सामने आते हैं।

उन्हें पार करने के लिए या मन के मंडल और उसकी रचना से परे जाने के लिए, आपको गुरु के ध्यान का अभ्यास करना होता है। इस अभ्यास के दौरान गुरु के रूप का ध्यान करते हैं [हम लोगों में सो जाने और सपने देखने की आदत रहती है], बशर्ते कि हम उसे असली और पूर्ण गुरु समझें, तो मानसिक अहसासात भी समाप्त हो जाएंगे, या अभ्यासी को मन के वजूद का अहसास नहीं होगा।

इसके आगे प्रकाश है। जो सुरत प्रकाश में रहती है, प्रकाश को देखती है और प्रकाश का आनंद लेती है वो हमारी आत्मा या आत्म है। उससे परे शब्द है। जब कोई उस शब्द को सुनता है तो पहले तीन चरणों के बारे में सब भूल जाता है कि [उसमें तीनों के अहसासात शामिल है]: शरीर, मन और प्रकाश। संतों के अनुसार वो चौथा पद है। लेकिन मुझे 5वें पद का भी अनुभव है। पाँचवें पद का ज़िक्र भी संत कबीर ने अपनी वाणी में किया है। लेकिन हर कोई उसे नहीं समझ सकता। पाँचवाँ पद वो अवस्था है जहां शख़्स के तौर पर कोई अपनी हस्ती खो देता है। उसका Self (अपना आपा) उस परम सत्ता में ऐसे विलीन हो जाता है जैसे बूँद सागर में विलीन हो जाती है। अब तक मैं उस पाँचवें पद में ख़ुद को ठहरा नहीं पाया। मैं अपनी तरफ़ से पूरी कोशिश करता हूं, लेकिन कामयाब नहीं हुआ हूं। क्यों? मुझे नहीं पता। इसलिए, मैं कहता हूं कि उस अवस्था तक पहुंचना मनुष्य के हाथ में नहीं है। यह या तो उस मालिक की इच्छा है या मनुष्य की नियति है। इसलिए, अब 92 साल की उम्र में, मैं ख़ुद को उस मालिक के हवाले करता रहता हूँ।

रहस्य

रहस्य

एक

मैं नहीं जानता कि मैंने जो समझा है वो सही है या ग़लत है। मैं दावा नहीं करता कि मैंने जो समझा वही आख़िरी सच्चाई है। लोग कहते हैं कि मेरा रूप उनको प्रकट होता है और उनकी सांसारिक मसलों के साथ-साथ मानसिक मसलों को सुलझाने में भी उनकी मदद करता है, लेकिन मैं न तो कहीं जाता हूं और न ही मुझे ऐसी चमत्कार की घटनाओं के बारे में कुछ पता होता है। सरसोंहेड़ी में एक आदमी मेरे पास आया। उसे लकवा मार गया था। वह चल-फिर सकता था, मगर लकवे ने उसकी बाईं तरफ़ अपना असर छोड़ा था। फिर भी, उसे कोई बहुत भारी मुश्किल नहीं थी। वो बूढ़ा था और उसकी बीवी मर चुकी थी। उनके साथ आई उसकी बेटी ने मुझे बताया कि जब उसके पिता को लकवा हुआ तो उस (लड़की) ने मुझसे प्रार्थना की। मेरा रूप वहाँ प्रकट हुआ और उससे कहा कि तुम्हारा बाप बिल्कुल ठीक हो जाएगा। उसने अपने बाप से कहा, "बाबा जी आए हैं और कहते हैं कि तुम बिल्कुल ठीक हो जाओगे।" उसके बाप ने कहा कि उसने तो बाबा को कहीं नहीं देखा। तब उसकी बेटी ने उन्हें सीधे सामने देखने के लिए कहा, और इस तरह उसने भी मेरा रूप देखा जो वहाँ खड़ा था। उस आदमी ने मुझे बताया कि मैं उसके साथ बाईस दिन तक रहा, जब तक वो ठीक नहीं हो गया। यह क्या है?

दो

मैंने हमेशा तो यहाँ रहना नहीं है। एक दिन मौत ज़रूर आनी है। मैं किस बात के लिए अपनी आत्मा पर बोझ रखूँ? जब मैंने ज़िंदगी का यह रास्ता अख़्तियार किया था, तो मैंने प्रण किया था कि मैं इस रास्ते पर सच्चा हो कर चलूँगा और इस रास्ते पर चलने के बाद मुझे जो अनुभव होगा वो दुनिया को बता जाऊंगा। वाणी से मुझे सच्चाई का पता नहीं चला। संतों

की वाणी में मेरे पुरखो की निंदा से मुझे तकलीफ़ होती थी, लेकिन ज़ात पाक हज़ूर दाता दयाल जी महाराज पर मेरा दृढ़ विश्वास था। ज़ात पाक ने मुझे आदेश दिया था, "फ़कीर, चोला छोड़ने से पहले तालीम बदल जाना।"

अब, ऐसे-ऐसे अनुभव होने के बाद, मैं अपने आप से पूछता हूं, "बता फ़कीर चंद, शिक्षा का कौन सा तरीका तुम बदलना चाहते हो? मुझे कौन सी तालीमात बदलनी चाहिएं?" शिक्षा के वर्तमान तरीके में मैं जो बदलाव कर सकता हूं, वो मैंने अपने दौरे के दौरान दिए सत्संगों में समझा दिया है। बदलाव यह है, "ऐ इंसान, तुम्हारा असली मददगार तुम्हारा अपना आपा है और अपना विश्वास है, लेकिन तुम बहुत बड़ी ग़लती पर हो और यह मानते हो कि बाहर से कोई तुम्हारी मदद के लिए आता है।" कोई हज़रत मोहम्मद, कोई भगवान राम, कोई भगवान कृष्ण या कोई भगवान या देवी या गुरु बाहर से नहीं आता। यह पूरा खेल तुम्हारे संस्कारों का है जो तुम्हारी आंखों और कानों के ज़रिए तुम्हारे दिमाग़ पर पड़ते हैं और जो तुम्हारी श्रद्धा है और विश्वास है।" यह वो बदलाव है जिसे लाने के लिए मुझे हुक्म हुआ था।

तीन

श्री जगन्नाथ यहाँ मौजूद हैं। उन्होंने मुझे मानवता मंदिर के लिए 400 रुपये दिए। उन्होंने मुझे बताया कि मैंने उन्हें सुबह 1:30 बजे जगाया, एक दिन पहले। लेकिन मैं उन्हें जगाने नहीं गया और न ही मुझे इसके बारे में कुछ पता है। मुमकिन है दूसरे महात्माओं और गुरुओं को जानकारी होती हो कि ऐसी घटनाओं में उनका रूप प्रकट होता है। कम से कम मैं तो अनजान होता हूँ. वर्तमान गुरुओं में से कइयों ने मेरे सामने माना है कि वो ऐसी घटनाओं से अनजान होते हैं। ज़ात पाक दाता दयाल जी ने भी अपने आख़िरी सत्संगों में यह कहा कि वे कहीं नहीं जाते, लेकिन उन्होंने अपने शुरुआती सत्संगों में इस सच्चाई का खुलासा नहीं किया। मेरा सारा जीवन और मेरा मिशन सच्चाई की बुनियाद पर है। मेरी जानकारी और खोज पिछले संतों की जानकारी और खोजों से आगे की है। मैं उनके रास्ते पर नहीं चला कि सच्चाई पर पर्दा रखूँ। उन्होंने मानव जाति को अंधेरे में रखा। शायद इसी वजह से गुज़रे वक्त के महान संतों ने अपनी जिंदगी में बड़ी तकलीफ़ें उठाईं।

सवाल यह है कि इन महान संतों को कष्ट क्यों हुआ? मुझे शक है कि उन संतों को इस लिए कष्ट हुआ क्योंकि उन्होंने दुनिया को पूरी सच्चाई नहीं बताई। उनके कष्टों का कारण उनके जीवन का सत्यमय न होना हो सकता है। मुझे ख़ुद नहीं पता कि मेरा अंत क्या हो। मैं ख़ुद दुखी होता हूँ जब मैं उन महान संतों की ज़िंदगी के तकलीफ़देह अंजाम के बारे में सोचता हूँ। मैं यहां हमेशा नहीं रहूंगा। किसी को धोखा देने का काम क्यों करूँ? मुझे अपना ज़मीर दुनिया की सारी चीज़ों से ज़्यादा प्यारा है; इसलिए, मैं हमेशा साफ़ बयानी करता हूं कि - मैं कहीं नहीं जाता, और न ही मुझे पता होता है कि कहीं किसी में मेरा रूप प्रकट हुआ है। कुछ लोगों ने अपनी मौत के समय कहा था कि बाबा जी उन्हें लेने के लिए हवाई जहाज में आए। दूसरों ने कहा कि बाबा जी घोड़ा लेकर आए और दूसरों ने कहा कि बाबा जी पालकी में आए। लेकिन मुझे उन घटनाओं के बारे में कुछ पता नहीं होता। मैं हैरान होता हूं जब लोग मुझे अपने नज़दीकी रिश्तेदारों की ऐसी घटनाएँ सुनाते हैं। मैं निर्भय होकर धार्मिक दुनिया के वर्तमान गुरुओं से अपील करता हूं कि या तो वे मेरे कहे का खंडन करें, या उन्हें सच बताना चाहिए कि वे अपने चेलों में प्रकट होने नहीं जाते हैं। यदि उनका अनुभव भी वही है जो मेरा है, तो वे अपने बेचारे चेलों को अंधेरे में क्यों रखते हैं और अनुचित फ़ायदा क्यों उठाते हैं?

चार

मैं जहाँ भी इस दौरे के दौरान गया वहां ज़ात पाक हज़ूर दाता दयाल जी के आदेश का पालन करते हुए मैंने कहा, "ऐ इंसान, अपने कर्म को ठीक रखो और अपने ज़मीर को साफ़ रखो।" जब वो बड़े-बड़े संत, जिन्होंने अपना जीवन साधन-अभ्यास में बिताया, वे ख़ुद अपने कर्मों के फल से नहीं बच पाए, तो फिर तुम गृहस्थी कैसे बच सकते हो? तुम अपने स्वार्थ के लिए अपने भाइयों से दुश्मनी रखते हो; तुम अपने माता-पिता का विरोध करते हो और उनसे लड़ते हो और तुम अपने दोस्तों को धोखा देने में संकोच नहीं करते। तुम ख़ुद तय करो, तुम ख़ुद को कैसे बचाओगे? तुम अपने ख़ुद के जीवन को देखो और परखो कि तुम करते क्या हो। हम अपने ही सगे भाई की मौत के लिए प्रार्थना करते हैं, ताकि हमें उसकी भी जायदाद मिल जाए। हम ज़्यादा

से ज़्यादा जायदाद के लिए अपने मां-बाप, भाइयों और बहनों के खिलाफ मुक़दमा दायर करते हैं। पत्नी अपने पति और पति अपनी पत्नी के ख़िलाफ़ कानून की अदालत में जाते हैं। ऐसे लोग ऊँचे जीवन मूल्यों (higher values) की इच्छा कैसे कर सकते हैं और कैसे खुश रह सकते हैं?

पाँच

आजकल ये रूप प्रकट होने की हो रही घटनाएँ अज्ञानी भक्तों के धार्मिक शोषण की मुख्य वजह हैं। ये ही धार्मिक विरोध की जड़ हैं। हाल ही में बनारस में हिंदुओं और मुसलमानों के बीच सांप्रदायिक दंगे हुए। बनारस में एक हफ़्ते तक कर्फ़्यू रहा। क्यों? क्योंकि हिंदू और मुसलमान दोनों सच्चाई से अनजान हैं।

इस मशीनी युग में संत सच्चाई प्रकट करने के लिए अवतार लेते हैं, लेकिन गुरु नानक, कबीर और राधास्वामी दयाल जैसे महान संत जो कह गए, उसे उनके भक्त बदक़िस्मती से अपने जीवन में अपनाते नहीं हैं। वर्तमान गुरु और उपदेशक अपने नाम, शोहरत और दौलत के लिए उनकी कही बातों और उपदेशों का इस्तेमाल औज़ारों की तरह करते हैं। अज्ञानी लोगों को यह कह कर नामदान लेने की सलाह दी जाती है कि मौत के बाद उनका गुरु उन्हें स्वर्ग में ले जाएगा। यदि वर्तमान गुरुओं में से कइयों ने मेरे सामने माना नहीं होता कि वे भी अपना रूप प्रकट होने के बारे में अनजान होते हैं तो मैं सोचता कि मैं ग़लत हूं। निज़ामाबाद के दिवंगत भाई नंदू सिंह जी, सिकंदराबाद के श्री आनंद राव जी और संत ताराचंद जी ने माना है कि वे भी अपने चेलों में प्रकट नहीं होते। अभी हाल ही में संत कृपाल सिंह जी के उत्तराधिकारी के रूप में पश्चिमी देशों में काम करने वाले एक और गुरु शहं-शाह से सोनीपत रेलवे स्टेशन पर ट्रेन में मेरी मुलाक़ात हुई। वो पीरे मुग़ां साहब के दोस्त हैं. उन्होंने भी माना कि उनका रूप भी उनके सत्संगियों में प्रकट होता है लेकिन उन्हें उस रूप के प्रकट होने की जानकारी नहीं होती। बदक़िस्मती से उनमें से कोई भी मंच पर से सच्चाई नहीं बताता।

छह

मैं आपको अपने जीवन की घटना बताता हूं। मेरी बेटी प्रेम पियारी की शादी को कुछ साल हुए थे, लेकिन उसके कोई बच्चा नहीं था। एक बार मेरी बेटी और उसका पति फिरोज़पुर में पंडित वली राम के परिवार में एक शादी के सिलसिले में गए। मेरी बेटी मेरे पास आई और शिकायत की कि उसकी सास और परिवार के दूसरे लोग उसे परेशान करते हैं और शादीशुदा ज़िंदगी के पांच साल बाद भी उसे बच्चा पैदा न होने के लिए ताने मारते हैं और परेशान करते हैं। मैंने उसे यह कह कर सांत्वना दी, "बेटी! तुम एक फ़कीर के यहाँ पैदा हुई हो, क्यों बच्चों के बारे में परेशान होती हो और तकलीफ़ झेलती हो? ज़िन्दगी का क्या भरोसा है, किस बात के लिए बच्चों की इच्छा करना? दूसरों की बात मत सुनो और अपने काम-काज में लगी रहा करो।"

वो चली गई और तकरीबन दस मिनट बाद, मेरे दामाद श्री देस राज आ गए और उन्होंने भी बच्चे की ज़रूरत के बारे में शिकायत की। मैंने तुरंत कहा, "तुम इस बारे में क्यों फ़िक्र करते हो? तुम्हारे कई बच्चे होंगे।" मेरे दिमाग़ में यह ख़्याल नहीं आया कि मैंने अपनी बेटी और दामाद को एक ही चीज़ के लिए दो अलग-अलग बातें क्यों कहीं? न ही मैं कभी सोच सकता था कि मेरी बेटी मर जाएगी। जैसा कि नियति में था, मेरी बेटी और दामाद ने फ़ैसला किया और दामाद की दूसरी शादी करा दी गई और अब वो कई बच्चों का बाप है।

यह घटना बता कर मैं यह कहना चाहता हूँ कि संत केवल वही कहता या बताता है, जो होना होता है। कोई भी संत तुम्हारे कर्मों के फल से तुम्हें बचा नहीं सकता। जो होना है, सो होना है। लेकिन जो संतो की कही बात को समझते हैं और फिर उस पर अमल करते हैं, उनके कर्मों की सज़ा कम हो जाती है। किसी ख़ास धर्म पंथ में नामदान ले लेने से तुम्हारा मतलब हल नहीं होगा। यह तुम्हें अपने बुरे कर्मों के फल से नहीं बचाएगा। यह है साफ़ बात जो मैं तुम्हें बता रहा हूं। यदि तुम चाहो, तो तुम आकर मेरी बात सुनो। यदि नहीं, तो मत आओ। तुम मंदिर में कोई दान दो या मत दो; तुम

मेरी कोई किताब पढ़ो या न पढ़ो। कम से कम मैं अपनी आत्मा पर कोई बोझ नहीं रखता।

सात

इस दौरे के दौरान मैं हरयाणा स्टेट के दिनोद में संत ताराचंद जी के आश्रम में भी गया। करीब दस साल पहले वो मेरे पास दिल्ली आया था। वो यह सोच कर आया था कि अगर बाबा सच्चा संत हुआ तो वो मुझे अपना जूठा भोजन देगा। वो आकर बाक़ियों के बीच बैठ गया। उसके कपड़े भी अलग तरह के नहीं थे, न ही मैं उसे जानता था। इसी बीच मेरे लिए एक कप चाय आई। मैंने दो या तीन घूंट लिए, और फिर श्री ताराचंद को कप देते हुए कहा, "काम पर लग जाओ; तुम्हें दुनिया जानेगी।" यह क्या था? मैंने जानबूझकर ताराचंद से कुछ नहीं कहा। ऐसा होना ही था।

अब मैं उसके आश्रम में गया, जो हमारे मानवता मंदिर से दोगुना है। वहाँ बहुत बड़े हॉल हैं। कम से कम एक हज़ार लोगों को स्टेनलेस स्टील के बर्तनों में भोजन परोसने का इंतज़ाम है। ताराचंद को लगता है कि यह सब मेरे आशीर्वाद का फल है। अब, मुझे लगता है कि मैंने संत ताराचंद को जो कुछ भी कहा, वो उसके साथ होना ही था। अगर मेरा आशीर्वाद मेरे सेंटर से भी बड़े सेंटर बनाने में मदद कर सकता है तो, जो मेरे पास आते हैं मैं उन सभी को वही आशीर्वाद क्यों न दूँ? यह रेडिएशन (विचार विकिरण) का नियम है जो काम करता है। जब वो आया तो उसकी रेडिएशन का असर मेरे मन पर हुआ और मेरे मुँह से अनजाने में वो निकला जो होना था।

ऐसे अनुभवों के आधार पर मैं कहता हूं कि कोई भी संत आपको कुछ नहीं दे सकता। एक संत वही कहता है जो होना होता है। मैंने यही समझा है। दूसरों के बारे में मुझे पता नहीं। शायद मैं ग़लत हो सकता हूँ। मैं कोई बड़े दावे नहीं करता। यदि कोई संत आपको कुछ दे सकता है, तो वो है हस्ती के समंदर से परे जाने का सच्चा ज्ञान। वो आपको सुखी और संतोष का जीवन जीने का तरीका बता सकता है। इतना ही है जो एक संत कर सकता है। लंबी खोज के बाद मेरा यही अनुभव है।

आठ

आशीर्वाद के लिए अलग-अलग जगहों से लोग मेरे पास आते हैं। कभी मैं कुछ कह देता हूं तो कभी कुछ नहीं कहता। कुछ समय पहले, हैदराबाद के एक आदमी ने मंदिर को 10,000 रुपये का एक ड्राफ़्ट इस शर्त के साथ भेजा कि वो अपनी बीमारी से उबर जाए। मैंने वो ड्राफ़्ट मंदिर के लिए मंज़ूर नहीं किया, बल्कि इसे भेजने वाले के नाम पर जमा करा दिया और उसे लिख भेजा कि ज़िंदगी और मौत मेरे हाथ में नहीं है।... मेरी अंतरात्मा ने वो दान मंज़ूर नहीं किया। इस तरह, मैंने वो ड्राफ़्ट मंदिर के खाते में जमा करने की इजाज़त नहीं दी।

तक़रीबन डेढ़ महीने तक मुझे उस आदमी से कोई ख़बर नहीं मिली। अब मुझे उसकी पत्नी से एक ख़त मिला है कि उसके पति की मौत हो चुकी है, और उसके पति ने मंदिर को जो धन भेजा था, वो उसे वापस कर दिया जाए। मैंने वो राशि उसे वापस कर दी। अब सवाल यह है कि मैंने उस आदमी को क्यों नहीं लिखा कि उसकी बीमारी ठीक हो जाएगी? दूसरों के लिए, जो इस तरह के आशीर्वाद के लिए आते हैं, मैं ऐसा कह देता हूं। क्यों उस आदमी के बारे में मुझे संकोच हुआ? जो होना होता है वो ज़रूर होता है।

जब मैं दिनोद (संत ताराचंद जी के आश्रम) पहुंचा, तो एक युवक वहाँ आया और मुझसे बोला, "आपका नाम क्या है? आप कहाँ से आए हैं और आप यहाँ क्यों आए हैं?" मुझे लगा कि वो सीआईडी का आदमी है। लेकिन बाद में मुझे पता चला कि वो पत्रकार था। मैंने उसे बताया कि मैं एक फ़कीर हूँ; मैं होशियारपुर से अपने सत्गुरु देव संत ताराचंद जी के पावन चरणों में माथा टेकने आया हूँ। उसने आगे पूछा, "क्या ताराचंद जी आपके गुरु हैं? वे आपके गुरु कैसे हैं?" मैंने उसे बताया कि जिस तरह स्वामी दयानंद के गुरु स्वामी विरजानंद थे, लेकिन ख़ास सच्चाई का पता दयानंद जी को भगवान शिव की मूर्ति से मिला, इसी तरह ख़ास ज्ञान मुझे संत ताराचंद जी से और मेरे ऐसे दूसरे सत्संगियों से मिला। इस तरह मैं यहां अपने सत्गुरु के सच्चे स्वरूप, ताराचंद जी का सत्कार करने के लिए आया हूं।

नौ

“अगर तुम्हें मनुष्य जीवन मिला है, तो सच्चे सत्गुरु का नाम दो!

सच्चा नाम देने से, तुम्हें शांति मिलेगी!"

देखो कितने सुनहरे शब्दों में लिखा गया है कि यदि तुम मानव शरीर में आए हो, तो सत्गुरु का सच्चा नाम दो। ऐसा करने से तुम को क्या फ़ायदा होगा? शांति। मुझे शांति मिली है। मैं संत ताराचंद जी के पास क्यों गया? मैं दयाल दास जी का सम्मान क्यों करता हूं? मैं कमालपुर वाली माई (कमालपुर की महिला सत्संगी) का सम्मान क्यों करता हूँ? मैंने श्री कृषक जी को सिर क्यों झुकाया? क्योंकि उन्हीं से मुझे शांति मिली है। मैंने उनसे यह शांति कैसे प्राप्त की? जब उन्होंने मुझे बताया कि मेरा रूप उन्हें प्रकट हुआ और उन्हें अंतर में रूहानियत की सबसे उंची अवस्थाओं में ले गया, लेकिन मुझे पता तक नहीं था, तब मैं यह मानने के लिए मजबूर था कि मैं अपने अंतर में जो भी रूप या दृश्य देखता था वो मेरे मन पर पड़े संस्कारों और भावनाओं के अलावा कुछ नहीं था। मैं अंतर में जो भी दृश्य, रूप, रंग, आकार देखता था और आनंद लेता था, वो केवल माया और भ्रम साबित हुए, इस तरह मुझे शांति मिली। मुझे अपने अंतर में असली घर का पता मिला गया।"

दस

दिनोद में लोगों ने मुझे लगभग 1000 रुपये दिए, जो मैंने संत ताराचंद जी को सौंप दिए। उन गरीब लोगों से पैसा लेने का मुझे कोई अधिकार नहीं था, हालांकि मैंने श्री ताराचंद से 1600 रुपये स्वीकार किए। संत ताराचंद ने बताया था कि चने की फ़सल काटने में मैंने उनकी मदद की थी। अन्य लोग भी ऐसी घटनाएँ बताते हैं, लेकिन मैं कहीं नहीं जाता। मैंने उन्हें नामदान नहीं दिया, लेकिन वो मुझे अपना गुरु मानते हैं। उनका मुझ पर जो विश्वास है उसने मुझे सच्चाई को समझने में मदद की। कौन सी सच्चाई? यह सच्चाई कि गुरु, भगवान, देवी, राम या कृष्ण के जितने रूप प्रकट होते हैं ये सभी वास्तविक हैं नहीं, बल्कि एक भ्रम है। मैं इस सच्चाई का क़ायल हूं। इस अनुभव से मुझे शांति मिली। अशांति का मूल कारण मन है। एक बार जब इसका असली रूप जान लिया, तुम्हें शांति मिल जाती है। मैंने अपने मन के असली रूप को पहचान लिया है। संत कबीर लिखते हैं:

शिष नवावे गुरु को जानत है सब कोय,
गुरु नवावे शिष को बिरला जाने कोय

यह संत मत (संतों की मान्यता) का रहस्य है जिसे गुरुवाई के पर्दे में छिपा कर रखा गया था। मैंने वो पर्दा हटा दिया। ज़ात पाक स्वामी जी महाराज ने इशारों में इस राज़ को उजागर किया। एक बार एक सत्संगी ने स्वामी जी से कहा, "राय सालिग राम साहिब आपके बहुत बड़े भक्त और सच्चे शिष्य हैं।" ज़ात पाक ने जवाब दिया, "कौन जानता है कि मैं सालिग राम का गुरु हूँ या सालिग राम मेरे गुरु हैं।"

ऐसे ही हज़ूर दाता दयाल जी महाराज मेरे बारे में कहा करते थे। जब भी मैं लाहौर में ज़ात पाक से मिलने जाता था, तो वे अपने सत्संगों में कहते थे कि यह फ़क़ीर मुझे तारने के लिए और माया से निकालने के लिए आया है।

इस रहस्य ने मानव जाति को बहुत नुकसान पहुँचाया है। हम गृहस्थियों को इन तथाकथित गुरुओं ने बेवकूफ़ बनाया है। वो हमारी मेहनत की कमाई ले गए और फिर भी वे उम्मीद करते हैं कि हम उनके दायरे में रहें और हमेशा उनके पाँवों में झुकते रहें। बहुत से लोग आते हैं और मेरे पाँव भी छूते हैं। क्यों? क्योंकि वे सच्चाई नहीं जानते। वे भेद नहीं जानते। मैं अक्सर कहता हूं कि मैं अनामी धाम से आया हूं, यह बताने के लिए कि "ऐ इंसान, अपने आप को ख़ुद पहचान।"

तुममें और गुरु में कोई अंतर नहीं है। लेकिन तुम नहीं जानते कि तुम्हें मन ही चला रहा है। तुम अपनी सांसारिक इच्छाओं को पूरा के लिए गुरुओं और साधुओं के पीछे दौड़ते हो। गुरुओं के सामने गिड़गिड़ाते करते हो। जब इन गुरुओं के अपने बच्चे उनका हुक्म नहीं मानते और कैरेक्टरलेस (चरित्रहीन) हैं, और जब उनके अपनी पत्नी के साथ अच्छे रिश्ते नहीं हैं, तो तुम कैसे सोचते हो कि वे तुम्हारे लिए कुछ अच्छा करेंगे? इसलिए, मैं फिर से इस बात पर जोर देता हूं कि "ऐ इंसान! तुम्हारा भला तुम्हारे अपने कर्मों में ही है।" एक सच्चा गुरु तुम्हें भेद या सच्चाई बता देता है। सच्चाई यह है कि यह संसार कर्म-क्षेत्र है। तुमने या मैंने जो भी कर्म किए हैं, उनका परिणाम

हमें भुगतना पड़ेगा। पृथ्वी पर कोई भी शक्ति हमें बचा नहीं सकती। यह है सच्चाई।

ग्यारह

कभी-कभी मुझे लगता है कि मैंने अब तक जो भी समझा है, हो सकता है वो ग़लत हो। लेकिन मुझे कोई पछतावा नहीं है क्योंकि मेरा ज़मीर साफ़ है। मैंने किसी स्वार्थ के मक़सद से कभी कुछ नहीं कहा, न ही किया। मैं इस छोटी-सी जिंदगी में नाम या शोहरत पाने के लिए कभी तुम्हारी आंखों में धूल नहीं झोंकता। यह भी एक सच है कि मुझे मानवता मंदिर के लिए पैसे की ज़रूरत है, लेकिन मैं कभी भी पैसा इकट्ठा करने के लिए कपटपूर्ण तरीके अपनाने की ख़ाहिश नहीं करता। यदि कोई खुशी से मन्दिर में मदद करना चाहे, तो कर सकता है, लेकिन यदि कोई नहीं चाहता तो न करे। मैं गुरुवाई की हैसियत की परवाह नहीं करता। मैं अपने जीवन में बुरे कर्मों के फल से डरता हूँ और उसके बारे में सोचता हूँ, क्योंकि हम सभी को अपने कर्मों का फल भोगना है। यदि तुम दूसरों की मेहनत की कमाई पर जीते हो, तो तुम दूसरों को धोखा देते हो और तुम अपने स्वार्थी मक़सद के लिए धोखा देने का काम करते हो। फिर तुम कहाँ जाओगे? जब महान संत ख़ुद नहीं बच सके तो तुम को कौन बचाएगा? ऐ! मेरे दाता, मुझे नहीं पता कि मैं सही हूं या ग़लत। मैं वर्तमान के सभी संतों और गुरुओं को चैलेंज करता हूं कि अगर मैं ग़लत हूं तो मेरा खंडन करें। मुझे कोई एतराज़ नहीं होगा। मैं सिर्फ़ यह बताता हूं कि मेरे साथ क्या हुआ है या हो रहा है।

जब मैं दिनोद गया तो पूरी ईमानदारी से सोचा: क्या मैं ताराचंद की फ़सल काटने गया था? नहीं, बिलकुल नहीं। जब तक कि ताराचंद जी ने मुझे नहीं बताया तब तक मुझे इस बारे में कुछ पता नहीं था। अब ताराचंद का कहना है कि अगर बाबा जी मेरे रास्ते में नहीं आते तो मैं अहंकारी हो जाता। जो भी रूप आपके सामने आता है, वो तुम्हारी अपनी श्रद्धा और विश्वास का रूप है। लेकिन हम इन्हीं प्रकट हुए रूपों के आधार पर अलग-अलग धर्मों और संप्रदायों में बँट गए। ऐ! गृहस्थियो, मैं तुम्हारे लिए आया हूं। किसी भी झूठे वादे से गुमराह न हों। सच्चाई को समझने और अपने कर्मों को शुद्ध

रखने की कोशिश करो। अपनी आँखें खोलो, जगन्नाथ! मैं तुम्हें कल 1:30 बजे, कल से एक दिन पहले, जगाने नहीं गया था। मैं तो आपको पहले जानता तक नहीं था। आपने चार सौ रुपये दान किए हैं। मुझे मंदिर के लिए पैसे की ज़रूरत है। मैं आपका धन्यवाद करता हूं, लेकिन मैं सच कहता हूं। आप इसे माने या न माने। मैंने आपके प्रति अपना कर्तव्य निभाया है। मैंने जीवन में जो अनुभव किया है अगर वो अन्य गुरुओं और संतों का भी अनुभव है, तो चाहे वो कोई भी हों, मैं इन गुरुओं से कहूंगा कि उन्होंने हमारे लिए ठीक नहीं किया। उन्होंने हमें बेवकूफ़ बनाया, हमारा बेजा फ़ायदा उठाया और हमें उनके अपने नाम, शोहरत और उनकी अपनी धार्मिक एस्टेट बनाने के लिए लूटा।

बारह

किसी को शांति कैसे मिलती है? मुझे शांति कैसे मिली? मैं तुम्हें सिर्फ़ उसके बारे में बता सकता हूं। जब कृषक जी आए तो उन्होंने मुझे अपनी डायरी सौंपी जिसमें उन्होंने विस्तार से लिखा था कि कैसे मेरे रूप ने समय-समय पर उनकी आंतरिक खोज में उनका मार्गदर्शन किया। मैंने एक नारियल और पाँच पैसे उनके चरणों में रख दिए और उन्हें प्रणाम किया। मैंने उन्हें यह कह कर जिज्ञासुओं को नामदान देने की अनुमति दी, "आपको ख़ुद ही सच्चाई का ज्ञान हो जाएगा।" वो लगभग दस महीने तक मंदिर में रहे। मैंने उनके खर्च के लिए अस्सी रुपये और उनके सेवक को साठ रुपये दिए, क्योंकि उन्होंने मुझे शांति प्राप्त करने में मदद की थी। मैंने दयाल दास को नामदान नहीं दिया और न ही मैंने कमालपुर वाली माई को नाम दिया। यह उनकी श्रद्धा और विश्वास था जिसने उनकी मदद की। उन्होंने मेरे वचनों को नाम और मुझे अपना गुरु माना। लेकिन मुझे अधिक मिला। मेरी पूरी जद्दोजहद और गुरु की खोज समाप्त हो गई। मुझे अपने मन की पहचान हो गई और शांति मिल गई। अब मेरा अभ्यास मन के मंडलों से परे यानी प्रकाश से शुरू होता है। राधास्वामी मत का फ़लसफ़ा भी यही हुक्म देता है कि जिज्ञासु को मानसिक अवस्थाओं से परे सत-लोक में जाना चाहिए। मुक्ति तभी मिलेगी।

तेरह

हम दूसरों को जो [प्यार, दुलार और विश्वास] देते हैं वही हमें मिलता है। इसलिए, यह लोगों का विश्वास ही है जो उन्हें फ़ायदा पँहुचाता है। मैं कुछ नहीं करता। उनका मुझ पर विश्वास और यकीन ही उन्हें मनचाहा फल देता है। वो "मैं" नहीं हूँ जो ख़ुद को उनके सामने प्रकट करता हूँ।

दूसरों को प्रेम और प्यार देने का मतलब है उन पर विश्वास करना, उन पर यकीन करना। मुझे भी इससे फ़ायदा हुआ है। मुझे रोज़ कई चिट्ठियाँ आती हैं, जिसमें लोग लिखते हैं, "बाबा जी, आपके पावन रूप का ध्यान करके, हमने यह चीज़ हासिल की और हमारी बड़ी-बड़ी मुश्किलें हल हो गईं।" मैं कुछ नहीं करता। यह उनका अपना प्रेम और प्यार है जो फलदायी होता है। इसलिए मैं कहता हूं कि आपका जिस पर भी विश्वास है उसे पूर्ण, सब कुछ देने वाला और सर्वव्यापी मानो; आपकी सारी समस्याएं हल हो जाएंगी और आपके सभी काम बन जाएंगे। वो जो मेरे सत्संग में नहीं आता या मुझे निजी तौर पर नहीं सुनता, लेकिन रूपों का ध्यान करता है, वो मरे गुरु की पूजा करता है। तुम समझते हो कि गुरु को चढ़ावा चढ़ाना और उसको मत्थे टेकना गुरु-पूजा है। ये हमारी सभ्यता के दुनियावी व्यवहार और रीति-रिवाज़ हैं। जो लोग सिर्फ़ गुरु के रूप का ध्यान करते हैं, वे अपने ही मन की पूजा करते हैं, क्योंकि आंतरिक दृष्य तुम्हारे अपने ही मन की रचनाएँ हैं, और बाहर से कोई नहीं आता। मैंने यह समझा है।

मैं जानता हूँ कि मैं बहुत ऊँची बात कह रहा हूं, लेकिन मैं विवश हूं। बुज़ुर्ग लोग बच्चों की तरह बात नहीं करते। मैं सिर्फ़ उस अवस्था के बारे में कह सकता हूं जिसमें मैं रहता हूं। लोग मेरे पास आते हैं, मैं उनसे बहुत साफ़ दिल से और सच्चा हो कर बात करता हूं। हो सकता है मैं ग़लत होऊँ। गुरुओं और संतों का क्या अंजाम हुआ मैं जानता हूँ। मैं डर गया। मैं नहीं जानता मेरा क्या अंजाम हो, लेकिन अगर मेरा भी दुखी अंत होता है और मैं शरीर छोड़ते हुए होश में रहता हूं, तो मैं भी सिकंदर महान की तरह कह जाऊँगा, जिसने कहा था, "मेरे ख़ाली हाथों को मेरे ताबूत से बाहर रखना।" मैं कह

दूँगा कि इस दुनिया में कोई सच न बोले, कोई ईमानदार न हो और कोई ईमानदारी की ज़िंदगी न जिए, बस अपनी मर्ज़ी के अनुसार जिए!

चौदह

जब मैं इन संतों और महात्माओं का जीवन देखता हूं तो मुझे हैरानगी होती है और मुझे शक होता है कि क्या इन महात्माओं ने अपने अज्ञानी शिष्यों के साथ कोई इंसाफ़ किया। उन्होंने उस कुल सच्चाई का खुलासा नहीं किया जो वे जानते थे, शायद इसलिए कि सच्चाई जानने के इच्छुक कम थे या फिर उन्होंने अपने नाम, प्रसिद्धि और पैसे के निजी स्वार्थ के लिए ऐसा किया हो। लेकिन यदि कोई शिष्य उस गुरु के लिए अहसानमंद महसूस नहीं करता जो उसे सच्चा ज्ञान देता है तो वो शिष्य सबसे ज़्यादा अहसान फ़रामोश होता है।

मैं ऐलान करता हूं कि मैं कुछ नहीं करता। सिर्फ मैं ही नहीं, कोई भी कुछ नहीं कर सकता। अगर कोई कुछ कर सकता होता, तो सबसे पहले ये संत अपने बच्चों और बीवियों को सही रास्ते पर ले आते। अगर दाता दयाल जी के पास कोई चमत्कारी शक्ति होती तो वे अपने धाम को उजड़ने नहीं देते। मैंने 1919 में पहले ही हज़ूर दाता दयाल जी से कह दिया था कि आपकी धाम उजड़ जाएगी। मैंने ऐसा क्यों कहा? क्योंकि मेरे पास एक गहरी नज़र थी।....

तुम मेरे पास आते हो [और] मैं अपनी ज़िम्मेदारी महसूस करता हूं और मैं इस तरह बिना किसी लाग-लपेट के तुमको सच बयान करता हूं। मैं तुम पर कोई एहसान नहीं करता। मैं जो भी करता हूं, वो हज़ूर दाता दयाल जी और हज़ूर सावन सिंह जी महाराज के हुक्म की फ़र्माबरदारी (आज्ञापालन) के लिए करता हूँ। हज़ूर बाबा सावन सिंह जी ने मुझसे कहा था, "फ़कीर, बिना किसी डर के अपने काम को जारी रखो। मैं तुम्हारे पीछे खड़ा रहूँगा ('तुम्हारे पुश्ते पनाह रहूँगा')।" इस तरह [मैं] बिना किसी डर के सच बोलता हूँ, कि हर कोई अपने कर्मों का फल भोगने के लिए मजबूर है। इस उम्मीद में मत रहना कि तुम क्योंकि राधास्वामी के अनुयायी हो, जिन्हें एक बड़े गुरु से नामदान मिला है या तुम भगवान कृष्ण या राम के भक्त हो

और इसलिए तुम बच जाओगे। ना। तुम जो भी कर्म करते हो, उसका फल तुम को ज़रूर भोगना पड़ेगा।

पंद्रह

तुमने महाभारत की कहानी पढ़ी या सुनी होगी। भगवान कृष्ण के वरदान से अर्जुन ने एक नामुमकिन जीत हासिल की। उसकी शक्ति सबसे बढ़ कर थी और उसके बाण अचूक थे। जब भगवान कृष्ण की मृत्यु के बाद घरेलू कलह में भगवान कृष्ण का पूरा कुनबा ख़त्म हो गया, तब अर्जुन बाकी औरतों और गोपियों को लेकर महफ़ूज़ जगह जा रहा था, लेकिन रास्ते में भीलों ने भगवान कृष्ण की सभी प्रिय पत्नियों को अर्जुन से छीन लिया। अर्जुन की नायाब ताकत और अचूक तीर, भगवान कृष्ण के वंश की उन महिलाओं की रक्षा नहीं कर सके। यह कर्म का फ़लसफ़ा है। इससे कौन बचा है और कौन इससे मुक्त है? हमारे साथ जो कुछ भी होता है वो सब हमारे अपने कर्मों के कारण होता है। तो जब तुम्हें कोई दुख-तकलीफ़ आ जाए तो रोना-धोना क्यों? तुम क्यों यहां-वहां भागते हो, रोते और हाय-हाय करते हो? इसीलिए मैं बार-बार कहता हूं, "ऐ इंसान! तू अपना तरीका सुधार और अपनी अंतरात्मा को साफ़ रख।"

अपनी ड्यूटी दया भाव से करो, दुनिया से बे-लगाव रहो, हर प्राणी को अपने जैसा समझो, और उस अविनाशी को प्राप्त करो। जब तक तुम्हारा जीवन इस तरह व्यवहारिक न हो जाए, तब तक तुम आवागमन के चक्र से मुक्त नहीं हो सकते, भले ही किसी महान गुरु ने तुम्हें नाम दान दिया हो।

कई बार मैं खुद से सवाल करता हूं, "फ़कीर चंद! क्या तुममें कोई बड़ी भारी शक्ति आ गई है जिससे तुम अनजान हो?" मिसाल के तौर पर, एक ख़ूबसूरत महिला एक बाज़ार से गुज़रती है, एक नौजवान उसकी तरफ़ देखता है और उसका मन चंचल हो जाता है, लेकिन वो औरत उस नौजवान के मन की हालत से अनजान रहती है। अगर वो उस आदमी के इरादों को जान सकती, तो पक्का वो उसे जूते से मारती। तो, अगर प्रकृति ने मुझे कुछ दिया है, तो मुझे उस पर अहंकार क्यों होना चाहिए? यह प्रकृति की देन है जिससे मैं कभी भी वंचित हो सकता हूं। यह उस (मालिक) की मर्ज़ी है।

महान ऋषि, पतंजलि ने योग पर अपनी पुस्तक में लिखा है कि यदि तुम कोई आंतरिक अभ्यास नहीं कर सकते, तो कम से कम एक पूर्ण पुरुष के पावन रूप का ध्यान करो। अब सवाल यह है कि तुम एक पूर्ण पुरुष की तलाश कहाँ करोगे? मैं कहता हूं कि जहां भी या जिस पर भी तुमको विश्वास है, यह सोचो कि वो पूर्ण है और सर्वव्यापी है [और] तुम्हारा काम बन जाएगा। यदि मेरा रूप प्रकट होता है और उन लोगों की मदद करता है जिन्हें मुझ पर विश्वास है, तो दूसरे गुरुओं का रूप भी उनके शिष्यों में प्रकट होता है और उनकी सहायता करता है। संतों को छोड़ो, तुम एक दुष्ट और चरित्रहीन आदमी को गुरु के आसन पर बिठा दो, उस पर विश्वास ले आओ, उसका रूप भी प्रकट होगा और तुम्हारी मदद करेगा जैसे महान संतों का रूप प्रकट हो कर करता है। तुम्हारी मदद किसी संत या गुरु ने नहीं करनी, बल्कि तुम्हारी अपनी श्रद्धा और विश्वास ने करनी है।

सोलह

मैं ख़ुद से सवाल करता हूं, "फ़कीर, क्या तुम गुमराह हो गए हो? क्या तुम दुनिया को गुमराह कर रहे हो? मान लो मैं ग़लत हूँ तो?" मैं क़सूरवार महसूस नहीं करता, क्योंकि मेरी अंतरात्मा पाक साफ़ है और मेरा कोई ज़ाती मक़सद नहीं है। अगर मैं ग़लत हूं तो जिम्मेदारी हज़ूर बाबा सावन सिंह और हज़ूर दाता दयाल जी की है। उन्होंने मुझे यह काम करने के लिए क्यों कहा? वे महान संत थे और महान अंर्दृष्टि वाले थे। क्या उन्हें नहीं पता था कि मैं सच बोलूंगा? तुम मुझसे सवाल करोगे कि मैंने कुछ लोगों को सत्संग का काम करने के लिए क्यों कहा है। मैंने उन्हें यह काम दिया है ताकि उन्हें सच्चाई का अहसास हो जाए और उनके शक-ओ-शुबा दूर हो जाएँ। मैंने कमालपुर वाली माई को महिलाओं का गुरु मुकर्रर किया है। अब उसका रूप कई महिलाओं को प्रकट होता है, और वो कहती है कि उसे अपना रूप प्रकट होने के बारे कुछ पता नहीं होता। अगर उसे ऐसी घटनाओं से सच्चाई का पता चलता है, तो उसे शांति मिल जाएगी।

इसी तरह, मैंने दयाल दास को उसकी आत्मानुभूति के लिए काम करने के लिए कहा न कि भोले-भाले लोगों का नाजायज़ फ़ायदा उठाने और गरीब चेलों को धोखा देने के लिए।

लोग मेरे पास बड़ी उम्मीदें लेकर आते हैं। मैं अपने आप से पूछता हूं, "तुमने यह मकड़ी का जाला क्यों बुन लिया? तुम उनका क्या भला कर सकते हो?" हक़ीक़त यह है कि मैं जो ज्ञान देना चाहता हूँ उसे लेने के लिए कोई तैयार नहीं है। मैं आपको वो रास्ता दिखाना चाहता हूं जिस पर चल कर तुम आवागमन के चक्र से निजात पा सकते हो। लेकिन तुमको इसकी ज़रूरत महसूस नहीं होती है; तुम इसका मोल नहीं पहचानते। तुम तरह-तरह की अपनी सामाजिक और दुनियावी मुश्किलों के हल के लिए मेरे पास आते हो। कोई अपनी पत्नी से दुखी है; कोई दूसरा बच्चों की वजह से दुखी है। कुछ संतान के लिए आशीर्वाद लेने आते हैं, और कोई अन्य सांसारिक इच्छाओं की पूर्ति के लिए आते हैं। क्या तुम कभी इस दुनिया की असलियत के बारे में सोचते हो? इस दुनिया में हमारी हस्ती सदा के लिए नहीं है। हम इस दुनिया को, हमारे मन चाहे साज़ो-सामान और अपने दोस्तों और रिश्तेदारों को छोड़ कर जाने के लिए मजबूर हैं। फिर उनके लिए हाय-हाय क्यों करना? तुमको तुम्हारा हक़ जरूर मिलेगा। ख़ुश रहो और शांति से रहो।

सत्रह

ख़ुशहाल ज़िंदगी जीओ और अपनी आमदनी से ज़्यादा ख़र्च न करो। अपनी हैसियत से ज़्यादा दान मत दो। मानवता मंदिर या किसी दूसरे गुरु और उनके सेंटर को दान देने के लिए अपने बच्चों की ज़रूरतों में कटौती मत करो। ऐसा करोगे तो यह बहुत बड़ा पाप होगा। ख़ुशहाल ज़िंदगी के लिए एक और बात - बिना नागा नियमित रूप से साधन-अभ्यास किया करो। जैसे खाते हो, सोते हो ऐसे ही यह तुम्हारी रोज़मर्रा की ज़िंदगी का हिस्सा होना चाहिए। हर रोज़ एक या दूसरी चीज़ का दान किया करो। पता है हमारे बुज़ुर्ग क्या करते थे? वे भोजन करने से पहले गाय, कुत्ते और कौवों के लिए अलग निवाले रखते थे। उनका धर्म था कि वे अपना भोजन गाय, कुत्ते और कौए के साथ बांटे बिना नहीं खाते थे। क्या हम उनके रीति-रिवाज़ों का पालन

113

करते हैं? यदि तुम एकमुश्त राशि दान नहीं कर सकते, तो ज़रूरतमंदों या बेसहारा लोगों के लिए हर रोज़ एक-दो पैसे बचाने की कोशिश करो। इससे तुममें बाँट कर खाने और दान देने की आदत पड़ जाएगी। अगर कोई शख़्स आज दान में एक लाख रुपये देता है, लेकिन फिर कई साल तक कुछ भी नहीं देता है, तो इससे उसे उतना लाभ नहीं होगा जितना उस आदमी को होगा जो एक या दूसरे तरीके से हर रोज़ दान देता है। इसलिए हर रोज़ दान देने, हर रोज़ ध्यान करने और हर रोज़ नए और constructive (रचनात्मक, तख़लीक़ी) ख़्याल करने का उसूल बनाओ। ये तुम्हारी ज़िंदगी को बदलने में मददगार होंगे। जो दान देता है, उसका दिलो दिमाग़ दानी और उदार हो जाता है।

यदि तुम्हारी माली हालत बहुत अच्छी नहीं हैं, तो तुम्हें पैसा दान देने की ज़रूरत नहीं है। महिलाएँ परिवार के लिए भोजन पकाने से पहले एक मुट्ठी आटा या चावल अलग रख दें। जब एक हफ़्ते का चावल या आटा इकट्ठा हो जाए तो उस आटे की रोटी बना कर या चावल पका कर चिड़ियों, कुत्तों और कौवें दें। मैं तहे दिल से ये सुनहरे उसूल तुम्हें बता रहा हूं। ये बहुत छोटी चीजें लगती हैं। लेकिन इन्हें छोटी मत समझो। ये ज़िंदगी को सुखी और ख़ुशहाल बनाने के उसूल हैं। साल के सारे 365 दिन इस नेम का पालन करो, और अगर तुम्हारी गरीबी नहीं जाती, तो मेरी तस्वीर पर फूल मत चढ़ाना, और दिल जो चाहे वो सलूक करना। हमारे ऋषि-मुनि बहुत बुद्धिमान थे। उन्हें हर चीज़ का मूल कारण पता था। लेकिन आज हम उनके बनाए हुए रीति-रिवाज़ों को पूरी तरह से नज़रअंदाज करते हैं। तुम पुरानी रस्मों और सामाजिक रिवाज़ों के महत्व को समझने की कोशिश करो। तुम हर रोज़ भलाई का एक काम करो और एक साल बाद देखो कि तुम्हारे खाते में भलाई के कितने काम हैं।

आंतरिक दृष्य और दौड़ती रेल गाड़ियाँ

फ़कीर चंद जी ने जो कहा वह 'द टिबेटन बुक ऑफ़ द डेड (The Tibetan Book of the Dead)' में लिखे से मेल खाता है

द टिबेटन बुक ऑफ द डेड (या, अधिक सटीक रूप से कहें तो, 'बार्डो थोडोल', Bardo Thodol) [1] के सबसे विशिष्ट पहलुओं में से एक सिद्धांत यह है कि मरने की प्रक्रिया के दौरान किसी को जो कुछ भी अनुभव होता है वह अंततः भ्रमपूर्ण है। 'द बार्डो थोडोल' के अनुसार, आंतरिक प्रकाश को देखने, आश्चर्यजनक धुनें सुनने और शरीर से बाहर होने के बोध-भान के अनुभव, और कुछ नहीं बल्कि किसी की अपनी मनःस्थिति के क्षणिक प्रतिबिंब होते हैं। इस प्रकार, वे अपने आप में मूल्यवान नहीं हैं, क्योंकि उनकी प्रकृति ऐसी है कि वे ख़ुद से अंतिम सत्य को प्रकट नहीं कर सकते, लेकिन शानदार तरीके से ही सही - वे इसे धुंधला देते हैं।

इसका कारण भले गहन हो लेकिन सरल है: व्यक्ति मरने की प्रक्रिया में जो कुछ भी देखता है, वह उसके अपने स्वयं से उभरा (projected) होता है। चूँकि बौद्ध धर्म में यह स्व/आत्मा/अहंकार मनुष्य के दुखों का मूल कारण है, और वास्तविक और स्थायी स्थिति नहीं है, इसलिए जो कुछ भी इसकी स्थिति को प्रबलित (reinforce) करता है, आकर्षक बनाता है, या इसकी हैसियत को बढ़ाता है, वह भटकाने वाला और भ्रम पैदा करने वाला है। ईसाई धर्म के विपरीत, महायान बौद्ध धर्म में प्रबुद्धता (enlightenment) की कुंजी आत्मा की मुक्ति नहीं बल्कि निरंतर संवेदन के रूप में इसका अभाव है। इसलिए द टिबेटन बुक ऑफ द डेड मौत की प्रक्रिया को अंतिम पड़ाव तक ले जाने: व्यष्टि-स्वयं (individual self) को नष्ट करने, का एक व्यवहारिक विषय है। पहली नज़र में यह थोड़ी अति लग सकती है, विशेष

रूप से पश्चिमी धर्मों में रमे लोगों को जो व्यक्तिगत अमरता को बहुत महत्व देते हैं, लेकिन बुद्ध की शिक्षाओं के आलोक में यह बौध-दर्शन से सुसंगत है जो मृत्यु - वास्तविक मृत्यु - को सकारात्मक आलोक में देखता है।

द टिबेटन बुक ऑफ़ द डेड के बारे में शायद सबसे अधिक दिलचस्प बात, कम से कम एक वैज्ञानिक नज़रिए से, यह है कि इसका चरित्र पूरी तरह से तर्कसंगत और संशयवादी है। यद्यपि यह पुस्तक नए साधक को स्पष्ट रूप से निर्देश देती है कि वो स्पष्ट शून्य प्रकाश (clear void light) को अपना ही स्वरूप स्वीकार करे, लेकिन सटीक शब्दों में वर्णन नहीं करती कि प्रकाश क्या है। इसके बजाय यह इस बात पर केंद्रित है कि प्रकाश क्या नहीं है। यह ऐसा कुछ भी नहीं है जिसे चेतना की उच्चतर या अधिक ऊंची अवस्था के तौर पर देखा, सुना, छुआ या महसूस किया जा सके। इसके विपरीत यह 'यथा आया - तथा गया (suchness)' या संदर्भ या तरंग (विस्तार) जिसमें से सभी चीजें संचालित होती तो हैं लेकिन जिसे स्वयं में और स्वयं से किसी विशेष चीज़ के रूप में समझा नहीं जा सकता। इस प्रकार हमेशा नकार कर (नेति-नेति; "यह नहीं, यह नहीं") या नकारात्मक छवियों जैसे- रिक्तता, शून्यता, असारता, आदि के ज़रिए इसकी पहचान की जाती है। यदि हम इसकी व्याख्या कर भी पाएँ तो यह 'कुछ नहीं' (no-thing) है।

मरने वाले लामा के लिए निहितार्थ स्पष्ट हैं: मृत्यु के ठीक बाद मध्यवर्ती चरण में जो कुछ भी दिखाई देता है, उसे स्वीकार न करो, क्योंकि प्रत्येक छाया वास्तविक होने का धोखा देती है, इससे ऐसी चीज़ में वास्तविकता और स्थायित्व की भावना आरोपित होती है जो असल में वास्तविक और स्थाई नहीं होती। बल्कि अनुभव करो कि निर्वाण ही वह स्रोत है जहां से सभी दृष्य उत्पन्न होते हैं और इसलिए वह स्वयं दृष्य नहीं है। या इसे अधिक दार्शनिक शब्दों में कहें तो- सत्य वह स्थिति है जिससे सभी स्थितियाँ उत्पन्न होती हैं - वह स्वयं में कम महत्व का नहीं है।

चकित करने वाली बात है कि 'द टिबेटन बुक ऑफ द डेड' के दर्शन (फ़लसफ़े) पर अधिक स्पष्ट अंतर्दृष्टि एक हिंदू बाबा फ़कीर चंद नामक रहस्यवादी से मिलती है, जो प्रत्यक्ष रूप से उस मूल तिब्बती पाठ या उसके

अंग्रेज़ी अनुवाद से परिचित नहीं थे। हालांकि फ़कीर 'बार्डो थोडोल' से परिचित नहीं थे, फिर भी, जैसा कि गोपीगंज के रहने वाले उनके गुरु शिवब्रत लाल जी ने उन्हें सिखाया था, वे इसके फ़लसफ़े में डूबे हुए थे। फ़कीर चंद ने अपने लामा समकक्षों की तरह, अपना अधिकांश जीवन साधन-अभ्यास में बिताया, अपने अंतिम प्रस्थान के लिए ख़ुद को तैयार करने के लिए सचेत रहते हुए मृत्यु-पथ (प्रक्रिया) से गुज़रने का प्रयास किया। तथापि, अपनी तरह के अन्य लोगों के विपरीत, फ़कीर ने अपनी सत्तर से अधिक वर्षों की उस ध्यान-साधना (प्रतिदिन 3 से 12 घंटे तक) का एक विस्तृत विवरण लिख कर रख दिया जिससे उन्हें अनुभव-ज्ञान प्राप्त हुआ था। उसका परिणाम वह संपन्न साहित्यिक विवरण है जो जीवन और मृत्यु के मध्यवर्ती चरणों में दिखाई देने वाले आंतरिक दृष्यों या अन्य अनुभवों की पूरी समझ प्रदान करता है।

"जैसा कि बार्डो थोडोल नाम की पुस्तक [इस तरह] बार-बार ज़ोर देकर दावा करती है, इन सभी देवी-देवताओं या आध्यात्मिक प्राणियों में से किसी का वास्तविक अस्तित्व किसी भी इंसान से अधिक वास्तविक नहीं है। "यह आप (मृतक जो सचेत हो) के जानने के लिए पर्याप्त है कि ये आपकी अपनी विचार-छायाएँ हैं।" मध्यवर्ती अवस्था के वे छाया-रूप, कर्म करने वाले के कल्पित विचारों, हल्के फुल्के तुच्छ सपनों में बुने हुए उसके भान मात्र हैं। "-टिबेटन बुक ऑफ़ द डेड [2]

"अब, तुम देखते हो कि कोई भी यीशु मसीह किसी के दृष्यों में बाहर से नहीं आता। कोई राम, कोई कृष्ण, कोई बुद्ध, और कोई बाबा फ़कीर बाहर से नहीं आता। दृष्य केवल उन संस्कारों के कारण आते हैं जिन्हें शिष्य पहले ही अपने मन में ग्रहण कर चुका होता है। ये संस्कार उसे सपने की तरह दिखाई देते हैं। कोई बाहर से नहीं आता। यह है साफ़ बात।" - बाबा फ़कीर चंद [3]

बार्डो थोडोल और द अननोइंग सेज (The Unknowing Sage) दोनों पुस्तकें पढ़ने के लगभग तुरंत बाद पाठक को दोनों पुस्तकों में उल्लेखनीय समानता दिखाई देती है। बार्डो थोडोल ज्यादातर मध्यम पुरुष

(second person) और अन्य पुरुष (third person) में लिखी गई है, जो विदा हो रही आत्मा के लिए निर्देशों को सूचीबद्ध करती है, जबकि 'द अननोइंग सेज (अनजान वो फ़कीर)' उत्तम पुरुष (first person) में है, जो फ़कीर चंद जी द्वारा अपने अभ्यासी जीवन से संबंधित आत्मकथात्मक शैली में लिखे स्पष्ट स्वीकरण को पाठक के समक्ष रखती है। फिर भी, दोनों ग्रंथों के अपने-अपने फ़लसफ़े मेल खाते हैं: 1) धार्मिक दृष्यों का भ्रामक स्वरूप; 2) ज्ञान की सीमाएं, तर्कयुक्त और संसारबाह्य (transmundane) दोनों; 3) यह सिद्धांत कि मनुष्य की ज्ञानहीन अवस्था का वास्तविक कारण अहंकार/आत्म/आत्मा ही है।

फ़कीर को यह अहसास कैसे हुआ, यह अपने आप में एक दिलचस्प कहानी है, ख़ासकर राधास्वामी परंपरा में रमे किसी व्यक्ति के लिए। बहुत छोटी उम्र में, फ़कीर रहस्यमय अनुभवों की ओर उन्मुख थे, उन्होंने हमें बताया कि कृष्ण और राम के दिव्य दर्शन उन्हें होते थे, जो फ़कीर को उनके धार्मिक जीवन के विभिन्न पहलुओं पर निर्देश देते थे। फिर भी, आख़िरकार फ़कीर ईश्वर-प्राप्ति की अपनी खोज में इतना व्याकुल हो गए कि वे उन्मत्त हो गए और खाना बंद कर दिया। जैसे कि फ़कीर याद करते हैं:

"एक बार मैं मालिक को देखने के लिए लगातार 24 घंटे रोया. डॉक्टर को बुलाया गया. उसने मुझे दवा दी. सुबह करीब 5:00 बजे मेरे अंतर महर्षि शिवब्रत लाल जी महाराज [अंततः फ़कीर के गुरु] का रूप प्रकट हुआ. उन्होंने पास के कुंए से पानी निकाला, मुझे नहलाया और फिर अपना लाहौर का पता बताया. इस दृष्य से मुझे यकीन हो गया कि मेरा मालिक ख़ुद महर्षि शिवब्रत लाल जी के रूप में मेरे लिए अवतार लेकर आया हुआ है." [4]

फ़कीर के अनुभव ने उन्हें आश्वस्त कर दिया कि शिवब्रत लाल ईश्वर के अवतार थे। दस महीने के पत्राचार के बाद, 1905 में फ़कीर को अपने गुरु से राधास्वामी मत की दीक्षा मिली. [5] यद्यपि पहले विश्व युद्ध की समाप्ति के बाद ही कभी फ़कीर को आत्मज्ञान की पहली झलक मिली। 1919 से पहले, फ़कीर को ध्यान-साधना में जो भी आंतरिक दृष्य दिखे या शब्द सुनाई दिए वो उन्होंने स्वीकार किए क्योंकि उन्होंने साधना की उन

आंतरिक अवस्थाओं और धुनों को सच और असली माना हुआ था। इराक़ में हमीदिया की लड़ाई के बाद एक महत्वपूर्ण मोड़ आया। फ़कीर रेलवे स्टेशन पर इंस्पेक्टर के रूप में काम कर रहे थे, जब फ़कीर और उनके दल पर दुश्मन ने भारी हमला कर दिया। मौत का डर था इसी डर से फ़कीर ने अपने अंतर में अपने गुरु, शिवब्रत लाल से मदद की प्रार्थना की। लगभग चमत्कारी रूप से, फ़कीर को शिवब्रत लाल अपने अंतः में दिखाई दिए। जैसा कि फ़कीर याद करते हैं:

"मौत के ख़ौफ़ से मैं भी घबराया हुआ था। ख़ौफ़ के उन लम्हों में हज़ूर दाता दयाल जी का रूप मेरे सामने प्रकट हुआ (मैं उस समय जागा हुआ था) और कहा, "फ़कीर फ़िक्र मत करो, दुश्मन आएगा लेकिन हमला करने नहीं, अपने लोगों की लाशें लेने के लिए आएगा। उन्हें अपने फौजियों की लाशें ले जाने देना। जब तक दुश्मन तुम्हारी ट्रेंचेज़ के बहुत नज़दीक न आ जाए अपना गोला-बारूद बर्बाद मत करना।" मैंने सूबेदार मेजर को बुला भेजा और उसे अपने गुरु का रूप प्रकट होने और दुश्मन के बारे में उसकी दी हुई हिदायतों के बारे में बताया। सूबेदार मेजर ने हज़ूर दाता दयाल जी की हिदायतों को माना। दुश्मन के फौजी आए और बिना हम पर हमला किए अपनी लाशें उठा कर ले गए। सुबह 6 बजे हमारे जहाज़ आए और ज़रूरी असला एयर ड्राप कर गए। हमारा डर दूर हुआ। हम में हिम्मत आई। हम सभी सुरक्षित थे।" [6]

हालांकि इस चमत्कार से फ़कीर बहुत खुश थे, लेकिन इसके तीन महीने बाद तक उन्हें इसके पूर्ण अर्थ का एहसास नहीं हुआ कि यह तो उनके अपने ही मन का एक खेल (उभार, projection) था। जब फ़कीर ने शिवब्रत लाल जी से उनका रूप प्रकट होने के बारे में पूछा, तो गुरु ने कहा कि उसे इसके बारे में बिल्कुल भी जानकारी नहीं थी। इसके अलावा, जब फ़कीर ने अपने गुरु के चमत्कारी रूप को देखा था, ठीक उसी समय फ़कीर के दोस्त भी मुसीबत में थे और उन्होंने ईश्वर से प्रार्थना की थी। लेकिन शिवब्रत लाल दिखाई देने के बजाय उन्हें फ़कीर चंद का दिव्य रूप दिखाई दिया और उनकी

जान बचाई। जब फ़कीर को इस घटना के बारे में बताया गया तो वे हैरान रह गए:

"इसके तीन महीने बाद लड़ाई खत्म हो गई और हमारे जवान बैरकों में लौट आए। मैं बग़दाद लौट आया। वहाँ बग़दाद में बहुत-से सत्संगी थे। जब उन्होंने मेरे आने के बारे में सुना वे सब मिल कर मेरे पास आए। उन्होंने मुझे ऊँची जगह पर बिठाया, फूल चढ़ाए और मेरी आरती उतारी। मैं इसकी उम्मीद नहीं कर रहा था और हैरान था। मैंने उनसे कहा, "हमारे गुरु महाराज जी लाहौर में हैं। मैं आपका गुरु नहीं हूँ। आप मेरी आरती क्यों उतारते हैं?" सभी ने यही कहा, "लड़ाई में हम मुसीबत में थे। मौत सिर पर थी। तब उस खतरे की हालत में आप हमारे सामने प्रकट हुए, बचने के लिए हिदायतें दीं। हमने आपकी बात मानी और बच गए।" मैं उनकी बातें सुन कर हैरान था। मुझे उन पर आई मुसीबत की कोई जानकारी नहीं थी। लड़ाई के उन दिनों में मैं ख़ुद मुसीबत में था और उन लोगों को कभी याद भी नहीं किया।" [7]

इस तरह, उल्लेखनीय घटनाओं की एक श्रृंखला के ज़रिए यों हुआ कि फ़कीर ने ख़ुद से आंतरिक दृष्यों की प्रामाणिकता पर सवाल उठाए। विभिन्न प्रकार की समाधियों के दौरान जो भी दिखाई दिया फ़कीर ने उसे स्वीकार करने के बजाय, उस पर संशय किया और उस स्रोत को खोजने का प्रयास किया, जहां से इस तरह के सभी दृश्य उत्पन्न होते हैं। फ़कीर की खोजों ने बार्डो थोडोल में अंतर्निहित दर्शन से मेल खाते इस बिंदु के अनुरूप काम करना शुरू कर दिया: "देखने वाले सांसारिक मन को छोड़ दें तो देखी गई ये सभी वस्तुएँ क्षणभंगुर हैं, भ्रांति हैं, अवास्तविक हैं, और अविद्यमान हैं।...कि वास्तव में ऐसे देवता, या दानव, या आत्माएँ, या संवेदन-समर्थ प्राणी कहीं भी नहीं हैं - ये सभी किसी एक कारण पर आधारित होते हैं।...कि अस्थाई सांसारिक अस्तित्व के बाद, संवेदना के बाद की एक तड़प या एक प्यास इसका कारण है।" [8]

आख़िरकार, फ़कीर ने अपने दिव्य दृष्यों को यह जान कर ख़ारिज कर दिया कि वे माया की सूक्ष्म बाधाओं के अलावा कुछ नहीं हैं। ऐसी अवस्था में आकर फ़कीर की ध्यान-साधना ने एक नया मोड़ ले लिया: फ़कीर

ने आंतरिक दृष्यों और धुनों का आनंद लेने के बजाय अपना ध्यान उस स्त्रोत की ओर लगा दिया जहाँ से ये दृष्य और धुनें उठती थीं। और ऐसा करते हुए, फ़कीर अब कृष्ण या राम, यहाँ तक कि अपने गुरु शिवब्रत लाल के रूप की ओर भी आकर्षित नहीं होते थे। फ़कीर लिखते हैं:

"ऐ दयाल की माँ, जिसे तुम अपने भीतर देखती हो और जिसे तुम प्रेम करती हो, वो तुम्हारी अपनी ही रचना है, तुम्हारा अपना ही बच्चा है। तुम ख़ुद ही त्रिकुटी के अपने केंद्र में शिवब्रत लाल जी का रूप बना लेती हो, जबकि दूसरे भक्त उसी केंद्र में कृष्ण, राम, या देवी-देवताओं का इष्ट बना लेते हैं और उनके रूप का आनंद लेते हैं।" इंसान बुनियादी तौर पर असलीयत नहीं जानता। माँ भाग्यवती एक अकेली मिसाल नहीं है। मुझे भी ऐसी अज्ञानता के कारण कई कठिनाइयाँ आईं।" [9]

दिलचस्प बात है कि फ़कीर की अंतर्दृष्टि, द टिबेटन बुक ऑफ़ द डेड पुस्तक से मेल खाती है। जैसा कि इवांस-वेन्ट्ज़ (Evans-Wentz) ने टिप्पणी की है:

"ये देवता [इस मध्यवर्ती अवस्था में विभिन्न देवी-देवताओं का प्राकट्य] हमारे अंतः में होते हैं। वे हमसे अलग नहीं हैं।...इस गूढ़ अर्थ में, देवताओं का लोटस ऑर्डर हमारे अपने ही मुखर कार्यों में देव-सदृश पूजित सिद्धांतों (deified principles) का प्रतिनिधित्व करता है।"[10] (अनुवादक का नोट - Lotus Order, संभवतः साधना के दौरान कमल की छवि के प्रयोग से संबंधित कई अर्थों का क्रम है) ।

फ़कीर की आध्यात्मिक खोज के इस नए अध्याय में, फ़कीर को हर उस चीज़ से विराग हो गया जो समाधि में पैदा होती थी - चाहे वो आनंद देने वाली हो या क्रोधित करने वाली। इसके बजाय फ़कीर प्रश्न करने लगे, "वो कौन है जो प्रकाश को देखता है? वो कौन है जो शब्द को सुनता है?" दूसरे शब्दों में, ऐसा क्या है जो इस लोक और उससे परे के लोकों का अनुभव करता है? बेशक फ़कीर ने तर्क दिया कि - वो चेतना है। लेकिन फ़कीर को आश्चर्य था कि वो क्या है? इसका उत्तर फ़कीर के जीवन में बहुत मुश्किल रहा, क्योंकि उन्होंने महसूस किया कि वो चाहे जो भी साधनाएँ कर लें वो

कभी नहीं जान पाएंगे। वो समझ से परे है, एक रहस्य जिसकी कोई सीमा नहीं। इस खोज का यह पक्ष फ़कीर के सामने आता रहा कि कोई भी इंसान (यहाँ तक कि अवतार, संत या गुरु भी) उसे नहीं जान सकता। वास्तव में, यही वो अज्ञेयता (unknowability) थी, जिसने मनुष्य के ज्ञान का निर्माण किया, या फ़कीर को ऐसा सहज ज्ञान हुआ। फ़कीर तर्क करते हैं:

"मैं यह दावा नहीं करता कि मैं जो कहता हूं वही सही है या फाइनल है। मैं जो कुछ भी कहता हूं वो मेरे जीवन के अनुभव का सार है। प्रकृति अथाह है। इसे किसी ने नहीं जाना। किसी शरीर का एक छोटा-सा जरासीम (germ) पूरे शरीर को नहीं जान सकता। इसी तरह विशाल रचना में एक इंसान एक जरासीम की तरह है। वो कैसे दावा कर सकता है कि उसने पूरी रचना को जान लिया है? जो लोग कहते हैं कि उन्होंने जान लिया है वो ग़लत हैं। सारी रचना को न कोई जान सकता है न उसका वर्णन कर सकता है। एक हद तक, जहाँ तक कि इंसान के दिमाग़ की पहुँच है वहाँ तक कोई कुछ कह सकता है। लेकिन पूरे ब्रह्मांड के बारे में कोई नहीं कह सकता। यह अवर्णनीय है।"

इस सहज ज्ञान के कारण अनुभूत विडंबना से सीमित हो कर, फ़कीर ने ख़ुद को और अधिक स्पष्ट शून्य प्रकाश के हवाले करना शुरू कर दिया, इस प्रक्रिया में वो ख़ुद को और अपनी खोज को भूल गए। यद्यपि फ़कीर के अनुभव की असाधारण यात्रा तभी हो गई जब वे अभी जीवित थे, और मृत्यु के करीब की अवस्था (near-death state) में नहीं थे। निर्वाण के बारे में उनके अनुभव ने बार्डो थोडोल के सामान्य दर्शन को और सुदृढ़ किया।

"हे कुलीन परिवार के पुत्र, (नाम), सुनो। अब तुम्हारे सामने वास्तविक सत्य (dharmata) का शुद्ध प्रकाश चमक रहा है; इसे पहचानो। हे कुलीन परिवार के पुत्र, इस समय तुम्हारी मन:स्थिति प्राकृतिक रूप से शुद्ध शून्यता है; इसकी कोई भी प्रकृति नहीं है, न पदार्थ या गुण यथा रंग, लेकिन यह शुद्ध शून्यता है; यह वास्तविक सत्य है।...तुम्हारा यह मन प्रकाश और शून्यता के एक महान घन के रूप में अविभाज्य प्रकाश और शून्यता है,

इसको कोई जन्म या मृत्यु नहीं है, इसलिए यह अमर ज्योति का बुद्ध है। इसे पहचानने के लिए यह सब आवश्यक है।" [11]

यह शून्यता या प्रकाश (luminosity) वास्तव में क्या है, इसे परिभाषा से वर्णित नहीं किया जा सकता। द टेबेटन बुक ऑफ द डेड में किसी के वास्तविक स्वरूप को पहचानने पर जोर दिया गया है, जो विशेष रूप से 'कुछ-नहीं' है, बल्कि वह क्षेत्र है जिसमें से सभी चीजें उत्पन्न होती हैं - यद्यपि, ख़ुद बेनज़र होने के बावजूद, वो नज़ारे पैदा कर रहा है; ख़ुद अरूप है, तथापि रूप को प्रदर्शित कर रहा है; वह स्वयं अस्तित्वहीन है, तथापि अस्तित्व का निर्माण कर रहा है। स्पष्ट शून्य प्रकाश बिल्कुल विडंबना है, क्योंकि "मैं" इसे समझ नहीं सकती, न ही मन इसे अपने विषय/वस्तु वाले 'द्वैतवाद' के द्वारा विचार में ला (धारित कर) सकता है। केन विल्बर (Ken Wilber), एक जाने-माने पारवैयक्तिक सिद्धांतकार (transpersonal theorist) और ज़ेन बौद्ध साधक ने इसका वर्णन इस तरह किया है:

"वह पूर्ण ही अस्तित्व की उच्चतम अवस्था और अस्तित्व का आधार (ground) दोनों है; यह विकास का लक्ष्य और विकास का आधार दोनों है, विकास का उच्चतम चरण और विकास के सभी चरणों की वास्तविकता या सच्चाई (suchness, Dharmata) है; सभी स्थितियों की उच्चतम स्थिति और सभी स्थितियों की स्थिति है, सीढ़ी में सबसे ऊंचा पायदान है और वो लकड़ी भी है जिससे सीढ़ी बनाई जाती है। उस विरोधाभास से कम जो कुछ भी हो वो या तो एक ओर सर्वेश्वरवादी अवव्याख्यावाद (pantheistic reductionism) पैदा करता है, या दूसरी तरफ दीवानगी भरा और कट्टरपंथी अतिमावाद (ट्रान्सेंडैंटलिज़्म, transcendentalism)।.... "[12]

इस प्रकार, अपने तिब्बती समकक्षों का अनुसरण करते हुए, फ़कीर ने शुद्ध प्रकाश और ध्वनि को भी छोड़ दिया, जो कि रूप से परे था, और ख़ुद को अनुमति देते हुए ख़ुद को उस कुछ-नहीं (no-thing) से ऐसे जोड़ा, जैसा कि उन्होंने इसे समझदारी से "सूली पर लटकना" कहा था। लेकिन ऐसा करने में, फ़कीर ने राधास्वामी परंपरा के साथ संबंध तोड़ दिया जो सुरत-शब्द योग (शाब्दिक अर्थ- "दिव्य आंतरिक शब्द के साथ सुरत को एक

करना) की वकालत करता है, और अंततः उसे "विधर्मी" माना गया। [13] अपने जीवन के आख़िरी चरण में फ़कीर बौद्ध धर्म के दार्शनिक सिद्धांतों के करीब आ गए, विशेष रूप से महायान, जो बार्डो थोडोल में उल्लिखित हैं। वास्तव में, यदि कोई फ़कीर के सिर्फ़ बाद वाले लेखन को देखता है, तो उसे लगेगा कि फ़कीर तिब्बती लामाओं की परंपरा से थे। इस संबंध में निम्नलिखित पैरा विशेष रूप से प्रासंगिक है:

"ऐ फ़कीर! इन सत्संगियों ने तुम्हें सूली पर लटकने का तरीका सिखाया है। सिर्फ़ इस एक ख़्याल ने कि मेरा रूप अलग-अलग जगहों पर प्रकट होता है और मुझे पता नहीं होता, मेरी जिंदगी का तख़्ता बदल दिया।...मेरा अनुभव सिद्ध करता है कि योगी, ध्यानी, गुरु, शिष्य और यहाँ तक कि मुक्ति के अभिलाषी भी बंधन में हैं।...वो लोग जो अपनी सांसारिक इच्छाओं की पूर्ति के लिए अपने मन की ताकत के साथ मेरा रूप बनाते हैं, वे सच्चाई जानने में दिलचस्पी नहीं रखते। उन्होंने अभी ख़ुद को सूली पर नहीं लटकाया क्योंकि उन्हें मेरे रूप का सहारा है, जबकि सूली पर आदमी को कोई सहारा नहीं होता। यह सबसे ऊँची अवस्था है।" [14]

संक्षेप में इन दोनों वस्तुओं को - जो मन और मस्तिष्क को लुभाती हैं - इन्हें जाने देने से ही द टिबेटन बुक ऑफ द डेड में उल्लिखित अंतिम ध्यान बनता है। जब यह हो जाता है, तो कोई पुनर्जन्म संभव नहीं होता, क्योंकि अनुभव करने के लिए कोई शेष नहीं रहता। लेकिन जो उस शुद्ध प्रकाश को छोड़ नहीं सकते उनके साथ क्या होता है? उनकी दशा क्या होती है? बार्डो थोडोल के अनुसार, ऐसे प्राणियों के पास कम विकल्पों की एक श्रृंखला होती है, जिससे वे चेतना के उच्च या निम्न आयामों में नए जन्म ले सकते हैं। ऐसे लोक-दर-लोक मौजूद हैं जहां दिवंगत प्राणी अपने कर्मों का फल भोग रहे हैं। कहें तो शुद्ध प्रकाश से उनका पतन एक साधारण लेकिन विनाशकारी ग़लती के कारण है: उन्होंने छायाओं, प्रकाश, रंगों, ध्वनियों और मध्यवर्ती अवस्था की संवेदनाओं को वास्तविक समझा, न कि अपने स्वयं के किए कर्मों की रचना (प्रोजेक्शंस)। एक वाक्यांश में कहें तो उन्होंने सपने

को वास्तविकता मान लिया और इस प्रकार वे ठगे गए। ऐसे प्राणियों के बारे में, द टिबेटन बुक ऑफ द डेड कहती है:

"हे कुलीन परिवार के पुत्र, यदि तुम उन्हें अपने बनाए हुए रूपों [विभिन्न प्रकाश और छायाओं] के रूप में नहीं पहचानते, तो तुमने अपने जीवन के दौरान चाहे जो भी ध्यान-अभ्यास किया हो, तुमने इस शिक्षा को नहीं समझा, रंगीन प्रकाश तुम्हें डराएगा, ध्वनियाँ तुमको भरमा लेंगी और प्रकाश की किरणें तुमको डरा देंगी। यदि तुम शिक्षाओं की इन आवश्यक बातों को नहीं समझते हो तो तुम ध्वनियों, प्रकाश और किरणों को नहीं पहचान पाओगे और इसलिए तुम संसार में भटकोगे। "[15]

कर्म-प्रवृत्ति के इस मुद्दे पर बार्डो थोडोल की शिक्षाओं पर फ़कीर चंद जी ने भी ज़ोर दिया है। (यह कर्म सिद्धांत कि यदि कोई शुद्ध प्रकाश में पहले से संलग्न नहीं है तो मृत्यु के समय उसका कर्म उसे शुद्ध प्रकाश से दूर ले जाता है)। फ़कीर के स्पष्ट आत्मकथात्मक स्वीकरण से पता चलता है कि ध्यान-समाधि में रमा कोई संत (ऋषि) भी कभी-कभार सच्चाई से गिर सकता है और मोह-माया के भंवर में फंस सकता है। उदाहरण के लिए, जब फ़कीर चंद जी सो जाते थे, तो वो आमतौर पर ख़ुद को प्रकाश और शब्द (ध्वनि) से जोड़ लेते थे, लेकिन कभी-कभी सपनों में फंस जाते, यह (झूठा) विश्वास करते हुए कि वो अपने पिता, अपने बेटे, अपनी पत्नी, रेलगाड़ियों, और दूसरी चीज़ों को देख रहे हैं। जैसे कि फ़कीर ने बताया है:

“आज रात को मैंने एक सपना देखा था जिसमें मैंने देखा कि रेलगाड़ियाँ चल रही थीं। एक एक्सीडेंट हुआ; मैंने अपना सामान लिया; आगे मेरे पिता (जिनसे मैं डरता था) वो मुझे मिले। फिर मैं अपनी माँ से मिला, मेरी पहली पत्नी भी वहाँ बैठी थी। मैंने अपनी पत्नी से पूछा, "तुम्हारी टाँग में चोट लगी थी उसका क्या हुआ? क्या तुम्हारी टाँग अब ठीक है? क्या तुम मेरी पत्नी नहीं हो?" इस बीच मैं जाग गया और ख़ुद को शब्द (आंतरिक धुन) में लगा दिया।”...वे सभी कर्म, विचार और भावनाएँ जहां कोई स्वार्थ रहा है, उनका असर संबंधित व्यक्ति पर, या तो जागृत अवस्था में या नींद में ज़रूर आएगा। मैं ऐसा क्यों कहता हूँ? यह मेरा अनुभव है। जब से मानवता मंदिर बना है मुझे

इसका स्वप्न नहीं आया। क्यों? क्योंकि मेरा अपना आपा न तो मंदिर से जुड़ा है न ही तुम में से किसी के साथ जुड़ा है। लेकिन मेरे माता-पिता, पत्नी और रेलगाड़ियां बार-बार मेरे सपनों में क्यों आती हैं? क्यों कि मेरा अपना आपा उनसे जुड़ा हुआ था। [16]

फ़कीर का विचार यह है कि स्वप्न में जो होता है वह मृत्यु के बाद वाली मध्यवर्ती अवस्था के लिए भी सच है क्योंकि दोनों में एक ही मौलिक नियम है: आसक्ति से पुनरावृत्ति होती है और इस तरह संसार का चक्र चलता रहता है। द टिबेटन बुक ऑफ द डेड और द अननोइंग सेज, दोनों के अनुसार, किसी भी चीज़ या व्यक्ति के प्रति अनासक्ति में मुक्ति है। केवल अनासक्ति ही आत्म-अस्तित्व के बुलबुले या गाँठ को समाप्त करती है।

जब फ़कीर चंद जी से पूछा गया था कि मृत्यु के बाद उनका क्या होगा, तो उन्होंने स्पष्ट रूप से कहा था, "मैं नहीं जानता।" विस्तार से पूछे जाने पर, उन्होंने अपने जीवन के संपूर्ण दर्शन (philosophy) का सार दे दिया; हैरानगी की बात नहीं है, मैंने इस पेपर में यह बताने का प्रयास किया है, कि फ़कीर का नज़रिया लगभग बिंदु-दर-बिंदु द टिबेटन बुक ऑफ़ द डेड की ही प्रतिध्वनि है:

"तो मैंने जो नाम के बारे में समझा है, वो यह है कि नाम अंतर में नज़र आने वाले भावों, दृश्यों और रूप-रंगों के बारे में सच्चा ज्ञान है। वो ज्ञान यह है कि जागृत, स्वप्न और सुषुप्ति की सारी रचना संस्कारों के अलावा और कुछ नहीं हैं (जो है नहीं, मगर भासती है) और जो मन की ही रचना है। दूसरों के बारे में क्या कहूँ, मुझे भी (सपने में) अपने आपे की जानकारी नहीं रहती। क्या पता मरते वक्त मेरे साथ क्या हो? मैं बेहोशी की हालत में चला जाऊँ, स्वप्न की हालत में चला जाऊँ और रेलगाड़ियाँ देखूँ।...मैं कैसे दावा कर सकता हूँ कि मैंने जो समझा है वही आख़िरी सच्चाई है? सच तो यह है कि मैं कुछ नहीं जानता।" [17]

फ़कीर से कोई चालीस वर्ष पहले लिखने वाले इवांस-वेंट्ज़ (Evans-Wentz) बार्डो थोडोल के बारे में निम्नलिखित टिप्पणी करते हैं:

"यह मान लेना आवश्यक नहीं है कि मध्यवर्ती अवस्था में सभी मृतकों का अनुभव सभी जीवित लोगों के उस अनुभव के समान ही होता है जो वे इंसानी दुनिया में या सपनों में अनुभव करते हैं।...इंसान को जैसा सिखाया जाता है, वैसा ही वो मानता है।..." [18]

अंत में, फ़कीर की मृत्यु असामान्य (untypical) थी। सन् 1981 के अप्रैल में उन्होंने मानवता मंदिर, होशियारपुर में डॉ आई.सी. शर्मा को अपना आध्यात्मिक उत्तराधिकारी बनाया, और फिर संयुक्त राज्य अमेरिका के अपने पांचवें विश्व दौरे पर हवाई यात्रा से पिट्सबर्ग, पेंसिल्वेनिया जाने के लिए निकल पड़े। फ़कीर पंचानवे साल के थे। लेकिन दिल्ली हवाई अड्डे से प्रस्थान से ठीक पहले, उनके एक पुराने मित्र और भक्त ने टेप रिकार्ड की गई बातचीत में फ़कीर से पूछा था कि वापसी कब होगी। तब फ़कीर ने एक असामान्य उत्तर में कहा: "मैं कब वापिस आऊँगा, अब मैं काले बक्से में आऊँगा।" और ऐसा ही हुआ। हृदय गति रुकने और कई दिन कोमा में रहने के कुछ सप्ताह बाद पिट्सबर्ग अस्पताल में फ़कीर का देहांत हो गया। [19] कुछ दिन बाद उनके शरीर को दाह संस्कार के लिए एक ताबूत में भारत वापस भेज दिया गया।

अब कोई विस्मय ही कर सकता है कि अनजान फ़कीर दौड़ती रेलगाड़ियों के स्वप्न-संसार में गए या शुद्ध प्रकाश में मिल गए।

(डॉ डेविड सी. लेन के नोट्स

NOTES

[1] I will be using two translations here for my article: Evans-Wentz's famous work, *The Tibetan Book of the Dead* (New York: Causeway Books, 1973); and Francesca Mantle's and Chogyam Trungpa's *The Tibetan Book of the Dead* (Berkeley: Shambhala, 1975).

[2] Op. cit., pages 32 -33.

[3] Op. cit., page 4

[4] Op. cit., page 22.

[5] For more on the Radhasoami tradition, see Radha Swami Teachings by Lekh Raj Puri (Beas: Radha Soami Foundation, 1967).

[6] Op. cit., page 26. Also see Lane's "The Himalayan Connection" (Journal of Humanistic Psychology, Fall 1984) for more on the psychological implications of Faqir's visionary experiences.

[7] Op. cit., page 26. It should be pointed out that just prior to leaving to Iraq, Shiv Brat Lal informed Faqir that the ultimate guru was within one's self, nowhere on the outside. In fact, during this meeting, Shiv Brat Lal appointed Faqir as his spiritual successor, blessing his disciple with the following words: "Faqir, you are yourself the Supreme Master of your time. Start delivering spiritual discourses to the seekers and initiate them into the path of Sant Mat. In due course of time, your own satsangis [followers] will prove to be your "True Guru," and it is through your experiences with them that the desired secret of Sant Mat will be revealed to you." [Op. cit., page 25.]

[8] Evans-Wentz, op. cit., page 66

[9] Op. cit., page 48.

[10] Evans-Wentz, op.cit.

[11] Evans-Wentz, op. cit.

[12] Ken Wilber, Eye to Eye, page 266.

[13] See The Radhasoami Tradition for more information.

[14] Op. cit., page 50.

[15] Freemantle el al, op. cit., page 41.
[16] Op. cit., page 45.
[17] Op. cit., page 47.
[18] Evans-Wentz, op. cit., page 33.
[19] For more on Faqir's death, please refer to I.C. Sharma's Hindi biography of Faqir Chand entitled Sidha Satpurusha Faqir Baba.

ईमानदार गुरु
अनजानेपन पर विचार

ईमानदारी एक ऐसा गुण है जो मुश्किल से मिलता है। यकीनन लोग ईमानदार होने का दावा करते हैं या कम से कम इसके आकांक्षी होते हैं, फिर भी हम में से बहुत कम लोग अपनी अभिप्रेरणाओं (motivations), अपनी छिपी इच्छाओं, अपने जीवन के बारे में पूरी तरह साफ़ बयानी करते हैं। यह उन लोगों के लिए ख़ासकर कठिन है जो किसी प्राधिकार (authority) की स्थिति में हैं। क्यों? क्योंकि जब हमारे पास कुछ सामाजिक रुतबा, कुछ सामाजिक लाभ और कुछ सामाजिक गतिशीलता होती है तो स्वभाविक ही जोखिम होता है कि हम कहीं दूसरों की भावनाओं को आहत न कर बैठें। क्या एक माँ अपने बच्चे के प्रति पूरी तरह ईमानदार होती है? क्या वह किसी मौके पर अपने नन्हें प्यारे की भावनाएँ आहत करने से बचने के लिए झूठ नहीं बोलती या फुसलाती-बहकाती नहीं है? क्या एक शिक्षक अपने छात्र के लिए पूरी तरह उपलब्ध होता है? क्या वह अपने शिष्य की ज़ाहिर कमियों के प्रति आँखें नहीं मूँद लेता? स्वभाविक रूप से हम सभी किसी समय या कभी न कभी झूठ बोलने या धोखा देने की बात स्वीकार करेंगे। इसमें समस्या वाला मुद्दा यह है कि हम हानिरहित सामाजिक झूठ और हानिकारक व्यक्तिगत बेईमानी के बीच की रेखा कहाँ खींचते हैं। इसमें कोई संदेह नहीं है कि यह एक कठिन विषय है और हम में से प्रत्येक को पल-पल, हर रोज़ और साल-दर-साल इसका सामना करना पड़ता है।

यह बात हमें 20वीं सदी के भारतीय सिद्धों (mystics) में सबसे अधिक उल्लेखनीय दिवंगत बाबा फ़कीर चंद जी तक ले आती है। फ़कीर जैसा कोई गुरु खोजना किसी के लिए भी बहुत मुश्किल होगा, जो पंजाब में अपने अधिकांश साथियों (colleagues) से अलग, अपनी इंसानी कमज़ोरियों और अपनी बौद्धिक सीमाओं को बार-बार खुलेआम स्वीकार करते थे। और फ़कीर की बिल्कुल यही ईमानदारी है जो उन्हें अन्य आध्यात्मिक आगुओं से

अलग करती है; फ़कीर की यही ईमानदारी भी है जो सच का सवाल उठाती है। क्या ऐसा हो सकता है कि कोई संत या गुरु या सिद्ध – चाहे वो कितना भी प्रबुद्ध हो, कितना भी श्रद्धेय हो, और कितना भी लोकप्रिय हो - वह वाकई मानव अस्तित्व के रहस्य को नहीं जानता है, जैसा कि फ़कीर ने हमें अपने जीवन और उदाहरण से विश्वास दिलाया? संशयवादियों के लिए उत्तर पहले से स्वतः स्पष्ट है: कोई नहीं जानता, विशेष रूप से धार्मिक नेता जो अपनी पौराणिक या तर्क-पूर्व (pre-rational) सोच के तरीकों की वजह से ज़्यादातर पकड़े जाते हैं। धार्मिक सत्य के विश्वासी लोग फ़कीर की स्वीकारोक्तियों को एक पर्दाफ़ाशी या पथभ्रष्टता के रूप में देख सकते हैं। लेकिन इसकी संभावना अधिक है कि दोनों खेमों में फ़कीर की ईमानदारी पर कोई विवाद नहीं होगा। फ़कीर के स्वीकारात्मक व्यवहार में एक निश्चित विश्वसनीयता है जो स्वतः ही पाठक को अपना बना लेती है। लेकिन शायद यह उससे बहुत बढ़ कर है, शायद हम अपने दिलो-दिमाग़ की गहराइयों से इस बात को सहज ही जानते हैं कि सच्चाई वास्तव में उससे भी बड़ी है जितनी हम कल्पना कर सकते हैं; कि वह ईश्वर -- और मैं संपूर्णता (Absoluteness) को निरूपित करने के लिए इस 'ईश्वर' शब्द का यहां उपयोग कर रहा हूं -- कोई ऐसी चीज़ नहीं है जिस पर बात की जाए, या जिसका सिद्धांतीकरण किया जाए, या उसे सिद्ध किया जाए। ईश्वर वह है जो अबूझ (Unknowable) से शुरू होकर उसी पर समाप्त होता है, और इस तरह अज्ञेयवाद (agnosticism) हमारी हड्डियों में उससे अधिक रचा-बसा है जितना हम स्वीकार करना चाहेंगे। हम वाकई नहीं जानते, जानते हैं क्या? हो सकता है कि फ़कीर चंद जी की अनभिज्ञता इतनी आकर्षक और इतनी विश्वसनीय इसलिए हो जाती है कि वे एक सार्वभौमिक सत्य बता रहे हैं -- एक ऐसा तथ्य जो हर उस इंसान के लिए सुस्पष्ट होगा जो कभी जीवित रहा होगा: हम अपने ही अस्तित्व की वजह नहीं जानते जो ब्रह्मांड के अस्तित्व की वजह के सामने बहुत छोटी है। और हो सकता है कि यह अनजानपना कोई सांस्कृतिक उत्पाद बिल्कुल न हो, बल्कि ब्रह्मांड के आश्चर्य में ही बनी एक सन्निहित अनुक्रिया (inherentresponse) हो, यहां तक कि जैविक (biological) भी हो।

जो भी हो, फ़कीर चंद जी के साहित्य में जो कुछ भी है वह एक अच्छे जाने-माने सिद्ध (रहस्यवादी) के आंतरिक कार्यचालनों (workings) के बारे में एक अनोखा आत्मकथात्मक स्वीकरण है। कुल मिला कर हमारे पास जो है, वो है एक ईमानदार गुरु। हालांकि पश्चिमी लोगों के लिए "ईमानदार गुरु" एक विरोधाभासी शब्द प्रतीत हो सकता है, लेकिन फ़कीर चंद जी के लिए यह शब्द पूर्णतः उपयुक्त है और उनकी अपनी विशिष्ट शैली से संपुष्ट है। कितने गुरु हैं जो कहते हैं कि वे नहीं जानते कि मृत्यु के बाद क्या होता है? या कि उनके विचार (कथन) साफ़ तौर पर ग़लत हो सकते हैं? या कि चमत्कार करने के लिए उनके पास कोई शक्ति नहीं है? या कि वे भी दूसरे इंसानों जैसी कमज़ोरियों से ग्रस्त हैं? निश्चित रूप से कुछ ऐसे हो सकते हैं, लेकिन उनकी संख्या अपवाद रूप है, छोटी है। इसके अलावा, इस छोटे दायरे में से बहुत कम लोगों ने बाबा फ़कीर चंद जी जैसी साफ़गोई और दृढ़ विश्वास के साथ बात की है।

फ़कीर को पढ़ना अपने आप को पढ़ना है; जहाँ से हम पहले शुरू करते हैं वहीं पर समाप्त करना: अनजानपना। न जानना अवांछनीय हो सकता है, वह भयावह भी हो सकता है, लेकिन इसका उन लोगों के लिए एक अमित लाभ है, जो इसे महसूस करते हैं, जो इसका चिंतन करते हैं, और जो इसका विरोध नहीं करते हैं: यह ब्रह्मांड के रहस्य के प्रति एक सच्ची और ईमानदार मानवीय अनुक्रिया (response) है। अधिकांश मानव जाति के विपरीत फ़कीर चंद जी ने प्रतिदिन अपने अस्तित्व के रहस्य में डुबकी लगाई, और हर बार जब वे बाहर आए तो एक ही संदेश के साथ बाहर आए: "मुझे नहीं पता।" लेकिन उस खोज को बेकार समझने के बजाय, उन्होंने सुकरात, लाओ त्ज़ू और अन्य की तरह इसे महानतम ज्ञान पाया।

मैंने कभी दो लोगों को अपने "अनजानपने" पर लड़ते नहीं देखा; हालाँकि, मैंने इस बात पर युद्ध होते और लाखों मनुष्यों का विनाश होते देखा है कि उन्हें "ज्ञान" हैं -- चाहे वह ज्ञान साम्यवाद, वंशवाद या किन्हीं अन्य वादों के वेश-भेष में हो। सच्चा ज्ञान यह जानना है कि आप नहीं जानते हैं; सच्ची बुद्धिमत्ता यह जानना है कि अन्य भी नहीं जानते। फ़कीर चंद जी को

इस अर्थ में प्रबुद्ध माना जा सकता है कि उन्हें उस अज्ञेय (Unknowable) का बोध हुआ। यह उस रहस्य पर कोई व्यवस्था या अर्थ थोप कर नहीं हुआ, बल्कि इसमें परिवर्तनकारी निहितार्थों (transformative implications) के प्रति समर्पण से हुआ: वह ज्ञानातीत अनजानापन एक स्वभाविक विनम्रता पैदा करता है और अस्तित्व की अनिश्चितताओं के प्रति एक सहज खुलापन पैदा करता है।

फ़कीर चंद जी के पत्र

उनकी आत्मकथा के बारे में

प्रिय डेविड, मैंने आपका पत्र पढ़ लिया है। आप यह कार्य कर सकते हैं। मैं अपने जीवन के सभी अनुभवों के साथ आपकी मदद करूंगा, कि मैंने इसे कैसे शुरू किया, मैं अपने आध्यात्मिक गुरु के संपर्क में कैसे आया। मैं इसे उर्दू में लिखवा दूँगा और फिर उसे अंग्रेजी में अनुवाद होने के बाद आपको लगभग एक महीने के भीतर भेज दिया जाएगा। मैं बूढ़ा आदमी हूं और इस समय अस्वस्थ हूं। मैं कामना करता हूं कि आप जीवन में हर प्रकार से सफलता प्राप्त करें।

आपका (Yours in Him)

फ़कीर

साधन-अभ्यास के संबंध में

अपने भीतर जाने की कोशिश करो। अपने गुरु द्वारा दिए गए पवित्र नाम को अपनी जीभ हिलाए बिना दोहराकर शारीरिक अहसासात को छोड़ दो। अपने गुरु के रूप का ध्यान करो लेकिन अगर कोई सोचता है कि उसका गुरु कोई मनुष्य है, तो वो मन से आगे नहीं जा सकता। मन के अहसासात को छोड़ने के लिए रूप का ध्यान करना ज़रूरी है। तब आता है प्रकाश और शब्द। यह जानने की कोशिश करो कि वह क्या चीज़ है जो प्रकाश को देखती है या शब्द को सुनती है। वह केवल 'तुम' हो। तब कोई महसूस कर सकता है कि 'वो' कौन है: उसकी खोज समाप्त होती है और वही यथार्थ बन जाती है,

मेरी ओर से प्यार...

अनजानपने के संबंध में फ़कीर चंद जी का पत्र

अनुलेख (P.S.). मैंने अपने जीवन में जो अनुभव किया है, उसका मैंने खुलासा कर दिया है लेकिन मैं यह दावा नहीं करता कि यह आखिरी है। कुदरत के भेद को पूरी तरह कोई नहीं जान सकता। सिर्फ़ 'वही' जानता है। --फ़कीर

चयनित ग्रंथ-सूची

Books and Pamphlets by Baba Faqir Chand. All texts are available for free online as PDFs at the Manavta Mandir website.

A Broadcast on Reality
A Word to Americans
A Word to Canadians
Autobiography of Faqir
Divine Message on Self Realisation
Jeevan Mukti
Message on Independence Day
Know Thyself to Know God
ManavtaManavta
The True Religion
The Essence of Truth
Republic Day Message
Nam-Dan
Satya Sanatan Dharam
The Art of Happy Living
The Secret of Secrets
Weight of Soul
Yogic philosophy of Saints
The Master Speak to the Foreigners
Truth Always Wins

अनुशंसित पुस्तकें: फ़कीर चंद की अंग्रेजी पुस्तकों में से तीन मेरी पसंदीदा हैं: 1) Jeevan Mukti; 2) The Secret of Secrets; and 3) The Essence of Truth. ये पुस्तकें अनिवार्य रूप से फ़कीर चंद के सत्संगों से कई बार (कभी-कभी शब्दशः) लिप्यंतरित हैं जो उन्होंने मानवता मंदिर और अन्य जगहों पर वर्षों के दौरान दिए। प्रोफेसर भगत राम कमल के अनुवाद बहुत स्पष्ट और बोधगम्य हैं और बिना किसी अस्पष्टता के फ़कीर के संदेश को व्यक्त करते हैं। यह भी ध्यान में रखा जाना चाहिए कि फ़कीर ने बाद में

जो लिखा है वो उनकी अनजानपने के संबंध में स्वीकारोक्तियाँ हैं और उनका साहित्य प्रकाशित हो रहा है और इस प्रकार प्रत्येक पुस्तक को संदर्भ सहित और फ़कीर की बढ़ती उम्र के आलोक में पढ़ा जाना चाहिए। अधिक जानकारी के लिए: मानवता मंदिर, सुतेहरी रोड, होशियारपुर, पंजाब, भारत।

New website devoted to the Life and Work of Baba Faqir Chand

https://sites.google.com/view/babafaqirchandsite/home

www.ingramcontent.com/pod-product-compliance
Lightning Source LLC
Chambersburg PA
CBHW032005040426
42448CB00006B/494
* 9 7 8 1 5 6 5 4 3 6 3 7 4 *